추천사를 써야 한다는 의무감으로 원고를 읽어 내려가다 어느덧 책과 진하게 교제하게 되었다. 선교적 교회 운동을 관념의 상공에서 지금 여기의 손과 발로 이동하도록 하는 가슴 설레게 하는 책이다. 북미 교회와 선교의 새로운 방향을 제시해 온 저자의 진단은 한국 교회의 실상을 깊이 있게 조명하고 현실적 대안을 찾는 데도 놀라울 정도로 적용된다. 이 책은 선교적 교회를 다루는 또 하나의 책을 넘어 "기독교 이야기의 핵심을 차지하는 기쁨과 소망을 다시 보라고" 우리를 초대하는 특별한 책이다.

김선일 웨스트민스터신학대학원대학교 선교와문화 교수

'우문현답'이라는 말을 색다르게 "우리의 문제는 현장에 답이 있다"라는 뜻으로 풀 수 있다. 이렇게 푸는 이유는 하나님이 이미 현장에서 일하고 계시기 때문이다. 락스버러는 이 책에서 교회가 동네 이웃에 계신 하나님의 일하심에 참여하기 위해 존재한다고 말한다. 그러면서 기능적 합리주의, 관리와 통제, 교회 중심주의, 성직자 중심주의라는 기본 복원 모드를 넘어 경청, 분별, 실험, 성찰, 결정에 이르는 여정으로 우리를 초대한다. 『페어 처치』에서 말하는 선교적 교회를 세우기 위한 최고의 가이드북이다. 본질적이면서도 실제적인 책이다.

이도영 더불어숲동산교회 담임목사

우리는 교회에 어려움이 생기면 문제가 무엇인지를 분석하고, 그 분석에 따라 계획과 전략과 프로그램들을 수정하는 것이 교회를 새롭게 하는 길이라 쉽게 생각한다. 그러나 이 책은 다른 방식으로 과감한 변화를 촉구한다. 성경은 우리에게 질고와 슬픔이 가득한 세상에 친히 찾아오셔서 행동하시는 하나님을 발견하고 그분의 일에 동참할 때 참되고 진정한 변화가 온다고 가르친다. 교회 성장의 과대 선전에 대한 식상함이 생기기도 전에 교회 쇠퇴에 대한 한탄이 이곳저곳에서 터져 나오는 조국 교회에 이 책은 여전히 우리 가운데 일하시는 성령 하나님을 보게 하고, 그분과 함께하는 길을 가르쳐 준다. 그런 면에서 조국 교회에 소망을 갖게 하는 귀한 도구가 되기를 기대하며 이 책을 추천한다.

화종부 남서울교회 담임목사

교회의 몰락을 상징하는 '유배'의 은유를 넘어, 세상 가운데 먼저 일하시는 하나님으로 희망을 은유하는 새로운 '출애굽'을 이야기하는 저자의 시도가 독특하다. 모든 것을 교회로 환원하는 기본 복원 모드를 극복하고 세상 속에서 일하시는 하나님을 신뢰하라고, 프로그램과 이벤트 강박을 벗어나 이웃 속으로 들어가 경청하라고, 그리고 이웃 가운데 거하는 작은 행동들을 실천해 보라고 권유하는 이 책의 이야기가 한국 교회의 독자들에게 어떻게 들릴지 무척 궁금하다. 그러나 "들을 귀 있는 자는 들을지어다."

지성근 미션얼닷케이알, 일상생활연구소 대표목사

담 너머의 교회

IVP(InterVarsity Press)는
캠퍼스와 세상 속의 하나님 나라 운동을 지향하는
IVF(InterVarsity Christian Fellowship)의 출판부로
생각하는 그리스도인을 위한 문서 운동을 실천합니다.

Copyright ⓒ 2015 by Alan J. Roxburgh
Originally published in English as *Joining God, Remaking Church, Changing the World: The New Shape of the Church in Our Time*
by Morehouse Publishing,
19 East 34th Street, New York, NY 10016, U.S.A.
All rights reserved.

This Korean edition ⓒ 2018 by Korea InterVarsity Press
156-10 Donggyo-Ro, Mapo-gu, Seoul 04031, Republic of Korea.

이 한국어판의 저작권은 Morehouse Publishing과 독점 계약한 IVP에 있습니다.
신 저작권법에 의하여 한국 내에서 보호받는 저작물이므로
무단 전재와 무단 복제를 금합니다.

교회 너머의 교회

앨런 힐스버러
김재영 옮김

하나님께 참여하고
교회를 재편하며
세상을 바꾸다

IVP

차례

한국어판 서문　9
서론　13

1부 새로운 여정을 향하여
1장 거대한 와해　37
2장 와해에 대한 반응들　51
3장 잘못된 방향을 가리키는 네 가지 내러티브　65
4장 하나님이 중심이시다　85

2부 새로운 여정을 위한 새로운 실천
5장 새로운 여정의 실천　103
6장 실천 1-경청하기 (실천 지침 1, 실천 지침 2)　115
7장 실천 2-분별하기 (실천 지침 3)　141
8장 실천 3-실험하기 (실천 지침 4)　151
9장 실천 4-성찰하기 (실천 지침 5)　165
10장 실천 5-결정하기 (실천 지침 6)　169
11장 장애물 통과　175

결론　189
주　193

일러두기
- 원서는 성경 본문으로 CEB, CEV, NIV를 사용했으나, 이 책은 개역개정을 사용했다.
- '미셔널'(missional)은 '선교적'으로 옮겼다.

한국어판 서문

이 작은 책을 한국의 친구들도 읽을 수 있게 되어 기쁩니다. 최근 한국에서 일고 있는 선교적 대화에 작게나마 기여할 수 있도록 하나님께서 이 책을 사용해 주시기를 기도합니다. 이 책은 여러 해 전에 장로교와 성공회와 침례교를 비롯한 여러 교단의 지도자들과 목회자들로 구성된 모임에 초대받아 강의했던 뉴질랜드 오클랜드에서 탄생했습니다.

몇몇 공통된 질문에 대한 저의 답변을 듣기 위해 여러 곳에서 참석했습니다. "선교적 교회란 무엇인가? 선교적 교회는 어떻게 실현되는가?" 그러나 이러한 질문 이면에는 그러한 지도자들의 모임에서는 묻지 않는 경향의 질문이 또 있습니다. 우리 사회에서 벌어지고 있는 모든 변혁과 와해의 한복판에서 우리의 교회를 재가동시키려면 무엇을 해야 하는가? 오늘날 이 모든 질문을 하는 사람들은 훨씬 더 큰 염려와 근심에 빠져 있습니다.

그 강의에서 제가 보인 반응의 일부는 이랬습니다. 20세기 중후

반 이래 점점 더 많은 교회들이 후기 근대의 기독교를 특징짓는 상실 및 방향 혼란의 의미를 규명하려는 광범위한 시도를 해오고 있다는 점입니다. 저는 물었습니다. 지난 50년 이상 우리 교회를 갱신하고 재구성하고 개편하고 개혁하려는 이러한 시도들을 보면 어떻습니까? 우리는 무엇을 배웠습니까?

이 책은 부분적으로 이 질문에 대한 답입니다. 우리의 최선에도 불구하고, 인간 행위의 우선성이 이러한 시도들의 동력 역할을 해 왔다는 것이 이 책의 근본 주장입니다. 가장 많이 놓쳐 온 것은 일차 행위자로서의 하나님에 대한 진정한 인식입니다. 어떤 제안을 뒷받침하기 위해 성경 구절을 과도하게 인용하거나 새로운 사업 계획을 둘러싸고 기도를 요청하는 일이 있긴 하지만.

이 작은 책에서는 우리 세계에서 이루어지는 하나님의 행위에 대한 이러한 기독교의 핵심 확신을 대체해 온 것이 무엇인지를 밝힙니다. 또한 교회와 교인 성장 프로그램들의 정체에 대한 관심보다는 보통 및 일상의 삶이 이루어지는 중요한 자리, 곧 동네와 지역에 주목합니다. 이 책이 모든 대답을 제공하지는 않겠고, 그것은 또 훨씬 더 큰 프로젝트가 될 테지만, 이 책이 방향의 일부라도 제시하기를 희망합니다.

저는 한국인은 아니지만, 여러 해 동안 한국을 자주 방문하면서 한국 교회를 관찰해 왔습니다. 지금 한국 교회는 새로운 도전에 직면하고 있습니다. 북미와 마찬가지로 한국 교회에는 이러한 도전에 대한 걱정이 점증하고 있습니다. 제가 관찰한 바로는, 북미 교회를 형성해 온, 바로 이 책 전반부에서 거명한 것과 똑같은 오도된 반응이 지금 한국 교회 전반에 팽배해 있습니다.

이 책이 정답을 제시하지는 못하지만, 바깥에서 경고판을 붙들고 있을 한 친구의 마음으로 받아들여지기를 기도합니다. 한국 교회에 하나님의 복과 평화가 있기를 기원합니다.

2018년 부활절
알렌 락스버러

서론

이 책은 지난 10년 이상 여정을 함께해 온 사람들의 공동체에서 나온 것이다.[1] 우리는 우리 시대에 복음의 삶이 무엇인지를 이해하고 실천하고자 함께 애쓰고 있다. 우리는 이 시대 가운데서 하나님의 백성으로 살아가는 길을 모색하는 공통의 목적에 서로 연결되어 있는 교회 리더이며, 교사이며, 자문 위원이며, 부모이며, 어머니며, 아버지다. 우리는 하나님의 풍요로운 성령이 북미 교회에 새 생명을 불러일으키고 계시다고 믿는다. 그렇지만 그 모습은 우리가 시작할 때 상상했던 것과는 상당히 달라 보인다. 우리는 성령이 하나님의 백성 됨에 대한 새로운 상상력을 가지라고 우리에게 요청하신다고 느낀다.

우리는 모두 100년 이상 북미 교회들에 참여해 왔다. 그 기간 동안 교회가 우리 문화 속에 존재하는 방식들에 근본적 변화가 일어났는데, 우리는 그 변화를 목격하고 그 변화에 참여해 왔다. 교회가 사람들의 삶에서 중심을 차지한다는 것과 같은 교회에 대한 수많은 가정들이 더는 유지되지 않는다. "어떻게 하면 사람들을 끌어모을 수 있을까?" 같은 교회의 물음은 우리 이웃에 사는 실제 사람들과 연결되어 있지 않다. 교회에서든 일상생활에서든, 이전으로 되돌아가는 일은 없을 것임이 명확하다.

자연스럽고도 일반적인 대응은 문제점들을 고치고, 전략 계획과 새로운 전문 기술과 더 나은 프로그램으로 교회를 작동시키려는 것이다. 이런 접근법들은 더욱더 많은 에너지를 소모하지만, 결과는 점점 더 보잘것없다. 이 책은 그와는 다른 여정에 참여하라는 초대장이다. 우리 이웃들과 지역 사회에서 우리보다 앞서 행하시는 하나님의 일에 참여하라는 것이다.

이 책에서 나는 '우리 동네에서 하나님께 참여하는 것'이 무슨 의미이며, 그것이 왜 중요한지를 기술하고자 한다. 성령은 우리 시대를 위한 교회의 터전을 다시 세우기 위해서 열심이시며, 우리 각 사람은 우리보다 앞서 행하시는 하나님의 일에 참여하고, 그 일을 발견하라는 초대를 받고 있다. 이는 우리가 일하고 살아가는 일상의 모든 정황 가운데 하나님의 임재를 확인하고 분별하려는 헌신에서부터 시작한다. 이 정황들이야말로 하나님이 우리 사회를 재창조하고 우리 공동체의 구조를 재구성하기 위해 일하시는 거룩한 터전이다. 예수님을 따르는 자로서 우리의 역할은 세상 가운데서 앞서 행하시는 하나님의 일에 참여하는 것이다.

교회의 커다란 희망이 이 운동에 있다. 하지만 이 운동은 지금까지와는 다른 종류의 상상이다. 우리는 과거 500년 동안 교회가 의미했던 것과의 역사적 결별을 마주하고 있다. 이것은 로마 제국의 멸망이나 유럽의 종교개혁으로 발생한 결별과 별로 다르지 않다. 그러한 결별은 근본적으로 다른 상상력을 계발하라고 요구하며, 이는 기독교 공동체들의 삶과 예배의 리듬에 엄청난 의미가 있다. 교회들은 이 열린 공간에 들어와 변화된 상상력의 필요성을 직면하라는 초청을 받고 있다. 이 책은 그동안 내가 관찰해 온 절실한 필요가 무엇인지를 기술한 것이다.

하나님이 일으키시는 대변화의 때

하나님은 장차 이스라엘이 될 한 백성을 형성하기 위해서 아브라함, 사라, 이삭, 리브가, 야곱, 레아를 통해 일하셨다. 그들이 노예로 전락했을 때, 그들의 이야기는 극적 전환을 맞았다. 노예 상태에서 풀려난 뒤에 광야에서 방황하며 한 세대를 잃어 버렸을 때, 또 한 차례의 전환이 일어났다. 그들의 이야기가 가장 절망적으로 보였을 때, 또 한 번의 전환이 있었다. "여러 해 후에 애굽 왕은 죽었고 이스라엘 자손은 고된 노동으로 말미암아 탄식하며 부르짖으니 그 고된 노동으로 말미암아 부르짖는 소리가 하나님께 상달된지라. 하나님이 그들의 고통 소리를 들으시고 하나님이 아브라함과 이삭과 야곱에게 세운 그의 언약을 기억하사…"(출 2:23-24). 이 말씀은 세상에 변화가 생겼음을 알려 주었다. 그리고 이 메시지는 희망을 가질 이유가 전혀 없던 자들에게 임했다. 하나님이 그들의 탄식과 애통 속으로 변화의 소식과 함께 들어오셨다.

『하나님의 도성』에서 아우구스티누스는 이렇게 썼다. "언제나 하나님은 우리에게 좋은 것들을 주려 하신다. 그러나 우리 두 손은 언제나 가득 차 있어서 그 좋은 것들을 받지 못한다." 이스라엘 백성처럼, 우리 두 손은 두려움과 상실감으로 가득 차 있어서 하나님이 우리 가운데서 행하시는 좋은 일들을 보거나 받아들이지 못할 수 있다. 우리는 두려움 한 가운데서도 신뢰하며 이 좋은 일들을 향해 우리 자신을 비울 수 있겠는가?

우리가 사는 이 시대는 두려운 때가 아니라 특별한 때라는 것이 나의 주장이다. 최근 나는 우리 교회의 주말 수련회를 다녀왔다. 수련회는 밴쿠버에 있는 우리 집에서 가까운 한 집에서 모인다. 한 동네에서 이웃으로 사는 사람들로 구성되어 있는데, 이는 하나님 백성의 존재 방식이다. 밴쿠버 주변에는 이처럼 동네에 기반을 둔 다른 기독교 공동체들이 있다. 우리는 연합하여 서로 경청하고, 지역 사회들을 위해 기도하고, 하나님께 예배한다. 그 자리에 모인 사람들 때문에 나는 계속해서 놀라게 된다. 우리는 어린 자녀에서 육십 대까지 모든 연령층으로 구성되어 있다. 이들 가운데는, 이전에 교회를 가려면 운전을 해야 했고, 교회 자체의 존속을 위한 프로그램들과 각종 위원회에 깊이 헌신했던 사람들이 많았다.

우리가 모인 이유는 무엇인가? 교회에서 벗어나기 위해서가 아니다. 우리가 배우는 많은 것들이 교회가 어떠할 수 있는가를 다시 상상하는 데 큰 도움을 준다. 물론 하나님이 우리 이웃들 가운데서 삶을 일깨우시며, 성령이 우리의 통상적 교회 안에서뿐 아니라 교회를 넘어서도 움직이신다는 의식이 우리에게는 이미 있었다. 우리는 어떻게 거기 계신 하나님께 참여할 수 있을지를 찾아내고 싶었다. 우리는 성령께서 우리의 이웃 가운데서 무슨 일을 벌이시는지를 발견하는 이 여정을 사랑한다.

만일 우리에게 들을 귀가 있다면, 성령께서 우리보다 앞서 우리 이웃들의 일상에서 어떻게 움직이시는지에 대해 특별하면서도 비슷한 이야기들을 도처에서 들을 수 있다. 이 이야기들은 바로 옆집에서, 길 건너편에서 지금 일어나고 있다. 나는 북미와 유럽과 영국 등지를 여행하면서 그러한 이야기들을 직접 듣고 목격하는 특권을 누리고 있다. 그런 이야기들 중 어느 하나가 그 자체로 세계를 변혁시키는 것은 아니다. 그게 요점이 아니다. 그러나 만일 여러분이 가만히 앉아 교회 성장에 대한 과대 선전이나 교단의 쇠퇴에 대한 한탄 밑바닥에서 무슨 일이 일어나는지 귀 기울인다면, 성령의 음악 소리를 들을 수 있다. 그 음악은 우리 중 많은 사람이 꿈꾸어 왔으나 결코 벌어지리라고는 상상해 본 적이 없는 그런 화음을 낸다.

어느 모임에서 한 부부의 이야기를 들은 적이 있다. 그 부부는 여러 해 동안 교회 일로 분주해서, 말 그대로 자기 동네 이웃들과는 전혀 접촉이 없을 정도였다. 단순히 기도하고 성경을 읽던 중에, 그들은 몇 년째 그들 옆에 살던 이웃집 문을 두드리기로 결심했다. 부부는 과자를 구워 접시에 가지런히 담은 후에 마당을 지나는 긴 모험을 감행했다. 이웃은 몹시 놀라며 부부를 맞이했다. 이웃은 "이 사람들이 진짜 원하는 게 뭐지?"라고 의아해할만도 했다. 그러나 그들은 감사하다는 말도 했다. "정말 감사합니다! 그런데 지금은 때가 좋지 않네요. 남편이 암 진단을 받았어요. 그래서 항암제 치료를 받고 있어요." 부부는 문 앞에서 이웃을 위해 기도했고, 하나님의 놀라운 방식으로 이웃과의 관계가 변화하기 시작했다.

고령화되어 가던 어느 교회는 교회 주변에 신규 주택 단지와 쇼핑센터들이 들어서는 것을 보고, 새로 그 동네에 입주하는 사람들이 교회를 찾아오기를 기다리는 대신, 이웃과 협력하여 마을 겨울 축제와 같은 지역 공동체 행사를 계획하기로 했다. 이제 노년층 교인들은 새 벗들을 사귀고 있으며, 신선한 에너지를 발견하고, 이웃들을 '위한' 사역 대신 이웃들과 '함께하는' 사역에 착수하고 있다. 그들은 이전과는 다른 종류의 교회가 되어 가고 있다.

또 다른 친구는 자기 아내가 사람들과 함께 식사하며 대화할 수 있는 따스한 공간이 될 테이블을 하나 장만하려고 했던 이야기를 전해 주었다. 그 친구는 진짜 '손재주'라고는 없는 사람이지만, 그에게는 이웃에 목공일에 능숙한 지인이 있었다. 그 친구가 테이블을 만들어 주겠다고 자원했다. 썩 잘 알지는 못하는 사이였지만 이 두 사람은 목재와 톱과 접착제와 나사못을 붙잡고 한동안 함께 씨름하더니 멋진 테이블을 하나 만들어 냈다. 그렇지만 이것은 이야기의 절반에 불과하다. 대화 중에 멋진 상상 하나 떠올랐던 것이다. 그 테이블이 성령의 선물, 곧 이웃이 와서 함께 먹고 대화하면서 관계 맺는 자리가 된다면 어떨까? 성령께서 멋진 일을 꾸미고 계셨던 것이다.

이러한 이야기들이 바로 증거다. 성령은 땅 밑에서 흐르는 복류처럼 움직이시면서, 관계들을 흔드시고 우리가 최근에 상상했던 교회의 모습에는 거의 맞지 않는 하나님 백성의 모습을 새롭게 발견하라고 우리를 초대하신다. 성령은 우리 교회들을 뒤집어엎고, 예수님의 길을 따른다는 것이 무슨 의미인지에 대한 새로운 상상력으로 우리 교회들을 부르신다.

그래서 이 책은 희망에 관한 책이다. 사회·문화·경제·구조적 대변동이 삶의 모든 층위에서 대규모로 일어나는 마당에, 교회 지도자들은 자신들의 교회를 제대로 작동시키기 위해서 몸부림치고 있다. 바로 그때에 하나님의 성령은 뒤집어엎고 활력을 불러일으키는 새로운 상상을 요청하고 계신다. 성경 전체는 물론 역사를 가로지르는 하나님 백성의 이야기들 속에서, 바로 지금이야말로 하나님의 미래가 전혀 상상조차 못했던 가능성을 품고 침투하는 때다. 우리는 그런 시대에 살고 있다.

교회에 대한 물음에서 하나님에 대한 물음으로

이제 우리는 '어떻게 하면 교회를 고치거나 다시 효력을 발휘하게 만들 수 있을까'라는 물음을 내려놓고 돌아서서, '하나님이 우리 이웃과 지역 사회에서 우리보다 앞서 행하시는 일이 무엇이며, 어떻게 하면 그 하나님께 참여할 것인가'라는 다른 물음을 끌어안아야 한다.

이 화두를 뒷받침하는 것은 레슬리 뉴비긴(Leslie Newbigin)의 정신이다. 뉴비긴은 전 세계의 선교를 수십 년 동안 이끌었던 영국인 선교사로서 고국에 돌아왔을 때 서구 교회도 똑같이 시급한 도전에 직면해 있음을 발견한 사람이다. 1960년대에서 1980년대에 이르는 뉴비긴의 글들은 북미의 '선교적 운동'의 기반을 형성했다. 이는 하나님의 선교를 기독교 공동체와 삶의 출발점으로 삼으려는 노력이다.

지금까지 북미 대륙에서 교회들을 개혁하겠다는 이 운동의 약속은 대체로 실패했다. 이는 북미 교회 생활의 중심부를 차지하는 기형적 상상 때문이다. 뉴비긴은 다음과 같은 말로 그 도전을 표현했다. 소위 '근대 서구 문화'라는 인식과 사고와 삶의 전반적 체계와 복음이 선교적 차원에서 마주친다면, 과연 어떻게 될 것인가?[2] 뉴비긴에게 있어서, 이는 하나님이 유럽과 북미 문화에서 작용하는 일차 행위자(the primary agent)일 때에만 타당한 물음이었다. 이 확신은 선교적 대화를 우리 시대와 연결하려는 주요한 노력 가운데서 사라져 버렸는데, 이는 주로 뉴비긴의 물음을 내가 생각하는 '교회에 대한 물음들'로 바꿔 버렸기 때문이다. 예를 들면 다음과 같은 질문들이다. 어떻게 하면 교회가 사람들에게 더 효과적으로 다가갈 수 있는가? 어떻게 하면 교회 내부가 아닌 외부를 향할 수 있는가? 선교적 교회의 표지들은 무엇인가?

이렇게 원래 모습으로 돌아가는 기본 복원 모드는 우리의 상상력이 일그러져 있음을 여실히 보여 주었다. 우리는 지속적으로 교회를 사실상 우리의 모든 관심과 에너지의 주체와 대상으로 삼고 있다. 나는 하나님의 성령이 교회들에게 그들의 초점과 관심을 근본적으로 바꾸라고 요청하시기 위하여 아주 많은 교회와 교단에 닥친 파괴적 와해를 사용하신다고 확신한다. 이 책은 이러한 여정에 대해 다룬다.

이 여정을 위해 지난 반세기 동안 교회와 교단에 무슨 일이 일어났는지 간략히 짚어 볼 필요가 있다. 이를 기반으로 우리는 하나님이 우리를 초청하시는 여정이 어떤 것인지 분별할 수 있다.

바로 내 앞에 놓인 것을 보는 눈

예수님은 당시 종교 지도자들에게 무슨 일이 벌어지는지 볼 수 있는 새로운 눈과, 무슨 일이 일어나는지 들을 수 있는 새로운 귀가 필요함을 보셨다. 우리 역시 우리가 보고 싶은 것을 보고 듣고 싶은 것을 듣는 데 익숙해졌다. 예수님은 오직 일부 사람들만 볼 수 있고 들을 수 있는 새로운 현실이 도래하고 있음을 선포하셨다. 대와해의 와중에, 성령은 교회를 새로운 존재 방식으로 부르신다. 우리를 향한 그 부르심은 하나님이 우리 앞에서 행하시는 일을 보고 들을 눈과 귀를 가지라는 것이다. 우리가 그것을 볼 수 있는가?

지난 여름에 데이비드 에거스(David Eggers)의 소설『서클』(The Circle)³을 읽었다. 이 소설은 우리 바로 앞에 있는 세계를 우리가 보거나 보지 못하는지를 어떻게 배우는가에 대해 다룬다. 에거스는 잠재적인 네트워크 세계의 모습을 묘사한다. 그 세계는 하루 24시간, 주 7일 내내 우리를 조지 오웰식의 기형적 사회에 가두어 두는 테크놀로지의 세계다. 거의 모든 사람이 집단 사고와 집단 발언에 동참한다. 주인공 메이(Mae)가 이 영역(the Circle)으로 점점 더 빠져드는 동안, 어떤 이는 그 악한 영향력을 알아보고 완벽하게 얽혀 있는 네트워크 세계의 효과에 대해 의문을 제기한다. 도덕극인『서클』은 우리가 무엇을 보고자 하며 무엇을 보지 못하는지에 대한 소설이다. 이 소설은 우리의 세계를 다른 눈들을 통해서 바라보고, 스크린과 트위터에 점령당한 세계 속에서 잃어버린 시력을 되찾으라고 초대한다.

실제로 그런 일이 조금 웃기지만 낯선 방식으로 최근 나에게 현실이 되었다. 내 아내가 나에 대해 여러 해 동안 사랑으로 해 준 말이 있다. 내향적인 내가 너무 많은 시간을 머릿속에만 투자하고 주변의 것들은 제대로 보지 않는다는 것이었다. 45년 전쯤 우리가 결혼할 당시, 아내 제인은 공립학교 교사로 첫 직장 일을 시작했다. 교사로서 첫 해를 마쳤을 때, 어느 세계적 기업의 고위 간부인 한 아버지가 자기 아들을 가르쳐 준 일에 대한 감사의 표시로 한정판 이누이트 판화 세 점을 선물했다. 급기야 이 판화들은 우리 부부와 아이들의 사랑을 듬뿍 받았고, 여러 번의 이사에도 집안의 중심을 차지했다.

두 해 전, 우리 가족은 교회를 포함해서 어디든 걸어서 갈 수 있는 동네로 이사했다. 최근에 아내와 함께 거실에 앉아 편하게 저녁 시간을 보내고 있는데, 문득 지난 2년 동안 이누이트 판화들을 보지 못했다는 생각이 떠올랐다. 그래서 아내에게 물었다. "여보, 그 판화들은 어디 있어요?" 제인이 "어떤 판화들이요?"이라고 되물었다. "우리가 항상 갖고 있던 이누이트 판화들 말이에요. 당신도 알잖아요. 이사한 뒤로 보질 못했어요! 어디로 갔죠?"라고 내가 물었다. 아내는 내가 농담하는 줄로 생각했다. 하지만 나는 전혀 모르겠다고 우겼다. 제인은 내 앞으로 몸을 숙이며 부드럽게 내 팔에 자기 손을 얹었다. "알렌, 그 판화들은 바로 여기에 있어요"라고 말하면서 우리 앞에 있는 기다란 벽을 가리켰다. "우리가 이사 왔을 때 저기 달아 놓은 그대로 달려 있어요. 어떻게 그게 안 보일 수 있죠?"

어떻게 내 코앞에 있는 것을 보지 못할 수 있었을까? 내가 너무나도 분주해서 바로 곁에 있는 소중한 것조차도 그냥 놓쳐 버렸던 것이다. 에거스의 소설에 나오는 주인공 메이처럼 혹은 바로 옆집 사람들이 암으로 투병 중이라는 것을 알지 못했던 부부처럼, 우리 모두는 보지 못한다. 예를 들자면 끝이 없다. 우리는 자신이 중요하다고 생각하는 것에 몰두하느라 우리 주변의 삶 가운데 나타나는 하나님의 경이로움과 임재를 놓친다.

어떤 이미지, 이야기, 혹은 은유는 우리가 더불어 살아 가는 삶에서 너무 큰 중심을 차지하여 우리의 모든 것을 형성해 준다. 따라서 우리는 다른 것은 거의 보지 못한다. 율라 비스(Eula Biss)의 최근 책 『면역에 대해서』(On Immunity)는 이 현상을 완벽하게 예시한다.[4] 한 층위에서 율라 비스는 아동의 예방 접종에 대한 두려움과 반발을 탐구한다. 그러나 더 깊은 층위에서 그녀는 우리가 어떻게 '예방 접종'이라는 이미지 혹은 은유가 우리 삶 전체를 특징짓도록 허용하는지를 검토한다. 극성 헬리콥터 부모들에서 의료 기관들에 이르기까지, 낯선 이방인들에서 일상 식품에 이르기까지, 우리는 모든 위험이나 우연으로 가득한 인생의 예측불가능한 변화들로부터 자신을 면역하는 일에 사로잡힌 사회가 되었다. 이러한 경향은 상상력을 닫아 버리고 그 대신 공포에 기반을 둔 사회를 만들어 낸다.

우리의 지역 사회와 교회를 뒤흔들고 있는 사회적·기후적·경제적 변화라는 전례 없는 도전에 우리가 직면해 있다는 점을 부인하거나 묵살하려는 게 아니다. 그러나 이 모든 것에 직면해서 '예방 접종' 이야기와는 아주 다른 상상을 제안하고자 한다. 심지어 격동의 한복판에서도 풍요와 가능성을 볼 수 있기를 바란다. 우리가 현실을 어떻게 읽느냐는 우리 선택이다.

희망으로의 복귀

이 책 1부에서 나는 유럽 종교개혁의 후예로서 대부분 개신교인 북미 교회와 교단이 처한 현실을 여실히 보여 주는 그들의 분투 이야기를 할 것이다. 나는 그것을 '와해'(unraveling)라고 부른다. 이 진술에 부정적 의도는 없다. 다만 새로운 시각으로 우리의 소명을 보라고 초대하는 것이다. 시편 126:1-3은 우리와 비슷한 패배감에 빠진 한 백성에게 다음과 같은 희망의 말씀을 전한다.

> 여호와께서 시온의 포로를 돌려보내실 때에, 우리는 꿈꾸는 것 같았도다.

그때에 우리 입에는 웃음이 가득하고, 우리 혀에는 찬양이 찼었도다.
그때에 뭇 나라 가운데에서 말하기를,
"여호와께서 그들을 위하여 큰일을 행하셨다" 하였도다.
여호와께서 우리를 위하여 큰일을 행하셨으니 우리는 기쁘도다.

"하나님이 큰일을 행하시니 우리가 감탄했다"라고 말할 수 있는 자리에 우리가 설 수 있을까? 이 책은 그 희망에 이르는 길에 관한 안내서다. 나는 이 책에서 성직자들이나 교회 지도자들이 쓰는 전문 용어나 신학 용어들을 피하려고 노력할 것이다. 물론 때때로 그러기가 불가능할 때도 있을 것이다. 이들이 내 주요 독자이기 때문이다. 이 책은 교회와 교단으로서 우리에게 지금까지 무슨 일이 일어났는지를 기술하면서 시작한다. 그런 다음에 하나님이 이러한 낡은 교단들을 끝장내지 않으시고, 세상을 위해 예수님과 함께하는 여정에 참여하라고 부르신다고 주장한다.

1954년 『반지의 제왕』(The Lord of the Rings)을 출판했을 때, 톨킨(Tolkien)은 이 책을 일컬어 '구출 행동'이라고 했다. 톨킨은 지난 세기의 전쟁이 지나간 후, 서구인들을 덮친 혹독하고 어두운 밤에 지치고 낙담한 그들을 구출해 내기를 원했다. 그래서 그는 시작과 끝이 기쁨인 아름다운 이야기를 전했다.[5] 주인공들은 거친 땅을 여행했다. 그리고 세상에 대한 그들의 환상은 가차 없이 사라졌지만, 그들은 애초의 출발점인 기쁨으로 되돌아갔다.

여기에서 내가 톨킨이 되겠다는 말이 아니다. 다만 나는 기독교 이야기의 핵심을 차지하는 기쁨과 소망을 다시 보라고 우리를 초대하는 이야기를 쓰기 원한다. 톨킨의 이야기처럼, 이 이야기는 하나님의 백성이 된다는 것이 무엇인가에 대한 우리의 인식들에 도전할 것이다. 호빗들은 영원히 바뀌었다. 그들이 과거에 알던 세계로 되돌아가는 일은 절대 없을 것이다. 그러나 기쁨과 참신한 희망이 그 싸움의 반대편에서 기다리고 있다.

톨킨의 이야기가 우리에게 건네는 또 하나의 선물이 있다. 그는 하나님의 미래가 위대한 지도자들 가운데서가 아니라, 때로는 무슨 일이 벌어질지 도무지 감을 못 잡으며 어디를 가고자 하는 욕망도 없이 자신들의 빡빡하고 작은 세계 속에서 사는, 발가락에 털 나고 불완전하게 생긴 자그마한 보통 사람들 가운데서 탄생한다는 사실을 이해했다. 이들이 세상을 변화시킨, C. S. 루이스(Lewis)의 말마따나 예기치 않은 기쁨에 놀란 피조물들이었다.

우리가 초대받고 있는 여정이 바로 이렇다. 우리는 새로운 미래를 창조하기 위해 하나님이 쓰기 원하시는, 평범하고 불완전한 교회들에 참여하는 사람들이다. 이 여정에는 예수님의 제자가 된다는 것, 교회가 된다는 것, 하나님이 세상을 변화시킬 때 사용하시는 흠 있는 사람이 된다는 것이 무슨 의미인지 근본적으로 다시 상상하겠다는 기꺼운 마음이 요구된다. 이는 우리가 지난 한 세기 이상과는 사뭇 다른 자리에 서서 그곳에서 벌어지는 하나님의 행동이 말해 주는 진리를 구하는 것이다.

현실 세계에서 상상하기

나는 굳게 믿는다. 평범한 지역 교회가 기존 틀을 무너뜨리고, 교회 중심에서 하나님 중심의 질문으로 전환하며, 자기 동네에서 예수님의 길에 동참하는 큰 그림에 참여할 수 있다고. 그렇다면 질문은 이것이다. 활력을 제공하는 이러한 성령의 부르심이 어떻게 실제가 되며 현장에서 활기를 띠게 될까? 이 책 2부에서 이 질문을 깊이 다룬다. 오래전에 누군가가 말했듯이, 교회에 속한 우리 대부분은 커다란 사상과 지고한 꿈의 세계에서 살지 않는다. 한 번에 다리 하나씩 끼우며 바지를 입는 우리는 다른 사람이 어떻게 행동하는지 보면서 배운다. 그래서 나는 한 번에 하나밖에 못하는 교회와 성직자가 취할 수 있는 기본적이며 간단한 구체적 단계들을 정리하려고 노력했다.

교회 생활의 새로운 리듬을 배우라는 초대가 2부의 핵심이다. 제시된 간략한 실천은 착실하게 따라가면 교회의 미래를 통제할 힘을 주는 새로운 프로그램이 아니다. 우리가 예수의 길을 따르도록 서로를 형성시켜 주는 길, 교회 안에 새로운 상상력을 불어넣는 길을 소개한다. 변화된 상상력은 일련의 교육이나 새롭게 뜨는 주제에 대한 책 한 권을 읽음으로써 생겨나지 않는다. 변화된 상상력은 아주 평범한 남녀와 젊은이들의 그룹에서 새로운 실천들, 특히 경청하고, 분별하고, 실험하고, 성찰하고, 결정하는 실천들을 받아들이기 시작할 때 발생한다. 이 단계들은 함께 하나의 여정을 이룬다. 분명히 이 여정에는 이 다섯 가지 실천보다 더 많은 것이 있다. 그러나 내가 아는 한 이 다섯 가지가 최상의 출발점이다.

깰지어다, 깰지어다!

구약성경은 세상에서 행하신 하나님의 신실한 행위에 근거한 희망 이야기들로 가득하다. 열왕기하 6:8-17에서는 아람 왕의 군대가 이스라엘과 싸울 때 도단에 있는 엘리사 선지자를 잡으려고 진을 쳤다. 아람 군사들이 밤중에 와서 도단을 에워쌌다. 새벽에 엘리사의 사환이 성벽에 나갔다가 아람 군대가 그 성읍을 에워싸고 있는 것을 보고, 공포와 절망에 사로잡혀 엘리사에게 달려왔다. 그 사환은 군대, 숫자, 나쁜 소식 따위의 사실과 현실만 볼 수 있었다. 다른 것은 하나도 볼 수 없었다!

겁에 질린 사환에게 엘리사가 대답했다. "두려워하지 말라. 우리와 함께한 자가 그들과 함께한 자보다 많으니라"(6:16). 그런 다음에 엘리사가 기도했다. "여호와여, 원하건대 그의 눈을 열어서 보게 하옵소서"(6:17). 여호와께서 그 사환의 눈을 열어 주셨다. 그러자 그는 불말과 불병거가 온 산에 가득하여 엘리사를 에워싼 것을 보았다. 엘리사의 대답은 사환이 놓쳤던 것을 볼 수 있는 능력에서 나온 것이었다. 사환은 하나님에 대한 신뢰를 고백했지만, 그 고백처럼 행동하지는 않았다. 나머지 이스라엘 백성처럼 사환에게는 하나님이 이 위기의 한복판에서 능동적으로 행동하실 수 있고 기꺼이 그러실 분이라는 의식이 없었다.

다음 여러 장에서 내가 주장하는 바는, 마찬가지의 기형적 상태가 지난 반세기 이상 북미의 많은 그리스도인들 가운데 형성되었다는 것이다. 우리는 희망의 자원들을 찾아 모든 곳을 다녔지만, 우리의 세상 가운데 하나님이 임재하시고 행위하신다는 실제만은 배제해 왔다. 우리가 하나님의 백성을 자처했을지 모르지만, 우리는 소위 '근대의 도박'(modernity's wager)이라 불릴 만한 것을 받아들였다. 어떤 면에선가 우리는 하나님 없이도 삶을 영위할 수 있으며, 만일 우리 또는 우리 교회가 구원받는다면 그것은 전적으로 우리에게 달렸다고 생각한다.[6] 정기적으로 예배에 참석하는 사람들에게는 이 말이 이상한 주장처럼 들릴 수 있지만, 그게 바로 우리의 행동을 끌어내는 가장 기본적인 확신들이다.

지난 반세기가 넘도록, 미주로 이주한 유럽인들의 교회와 교단들은 극단적 개인주의 문화에 깊이 매몰되어 살아왔다. 우리는 자조(self-help)를 목적으로 성경 이야기들을 개인적이고 심리적으로 읽는 데 익숙해졌으며, 선량한 시민이 되라는 도덕적 가르침을 일반화해 왔다. 우리는 성경을 관통하는, 세상 가운데서 행동하시는 하나님에 대한 이야기를 보지 못하게 되었다.

우리에게 실제로 필요한 것은 하나님이 벌이시려는 일을 상상하는 것이다. 단지 우리 교회들만 아니라 북미에서 살아가는 우리의 생활 방식이 끊임없이 와해되는 것 같은 이 와중에 하나님이 활동하고 계심을 상상하라. 이사야 선지자가 진리를 말하고 있다고 상상하라.

> 시온아, 깰지어다 깰지어다!
> 네 힘을 낼지어다.
> 거룩한 성 예루살렘이여,
> 네 아름다운 옷을 입을지어다.
> 이제부터 할례 받지 아니한 자와 부정한 자가
> 다시는 네게로 들어옴이 없을 것임이라.
> 너는 티끌을 털어 버릴지어다.
> 예루살렘이여,
> 일어나 앉을지어다.
> 사로잡힌 딸 시온이여!

네 목의 줄을 스스로 풀지어다.

여호와께서 이와 같이 말씀하시되,
너희가 값없이 팔렸으니
돈 없이 속량되리라.
주 여호와께서 이와 같이 말씀하시되,
내 백성이 전에 애굽에 내려가서
거기서 거류하였고,
앗수르인은 공연히 그들을 압박하였도다.
그러므로 이제 여호와께서 말씀하시되,
내 백성이 까닭 없이 잡혀갔으니
내가 여기서 어떻게 하랴? 여호와께서 말씀하시되,
그들을 관할하는 자들이 떠들며
내 이름을 항상 종일토록 더럽히도다.
그러므로 내 백성은 내 이름을 알리라.
그러므로 그날에는 그들이
이 말을 하는 자가 나인 줄을 알리라.
내가 여기 있느니라.
좋은 소식을 전하며,
평화를 공포하며,
복된 좋은 소식을 가져오며,
구원을 공포하며,
시온을 향하여 이르기를
"네 하나님이 통치하신다" 하는 자의

산을 넘는 발이 얼마나 어찌 그리 아름다운가
...
너 예루살렘의 황폐한 곳들아!
기쁜 소리를 내어 함께 노래할지어다.
이는 여호와께서 그의 백성을 위로하셨고
   예루살렘을 구속하셨음이라.
여호와께서 열방의 목전에서 그의 거룩한 팔을 나타내셨으므로
땅끝까지도 모두 우리 하나님의 구원을 보았도다.

(사 52:1-7, 9-10)

'우리가 누구인가'라는 문제의 핵심을 보는 안목을 상실하기가 아주 쉽다. 하지만 이사야 선지자는 이스라엘에게 돌아서라고 촉구한다. 그의 예언은 인간의 번영이나 황금률 준수에 대한 어떤 일반화된 도덕 이론에 뿌리박고 있지 않다. 이사야의 예언은 하나님이 지금 여기에 계시다는 특정하고 구체적인 확신에 근거해 있다. 우리는 하나님이 세상을 개편하고 계시며, 우리가 그 개편 작업에 참여하라고 부름 받았다는 근본적으로 다른 현실을 수용하라고 초대받고 있다.

이사야가 볼 때, 일상적이고 확립되고 계산된 일처리 방식으로 이스라엘이 곤경에서 벗어날 길은 전혀 없다. 전문가도, 프로그램도, 전술이나 전략도 전혀 없을 것이다. 앞으로 나아가려면 새로운 방식으로 볼 필요가 있다. 이러한 시각은 포로 된 자들에게 그들의 이야기를 기억하라고 촉구한다. ("너희가 값없이 팔렸으니", "전에 애굽에 내려가서 거기에 거류하였고", "내 백성은 내 이름을 알리라.") 그 기억은 진실에 대한 실마리를 제공해 준다. 그들의 부르짖음을 듣고 상황을 변화시키기

위해 행동하시는 분은 바로 하나님이다.

마찬가지로, 우리 유럽 종족 교회들(Euro-tribal churches)은 우리의 눈과 상상력을 급진적으로 재정립할 필요가 있다. 경청하고 깨어나 "네 하나님이 통치하신다"라는 좋은 소식을 들으라. 우리 시대는 희망의 시대다. 성령께서 우리를 초대하신다. 두려움에서 떠나라고, 통계와 실패한 전략 너머로는 아무것도 보지 못하고 아무런 희망도 없는 자들처럼 낙심하는 데서 벗어나라고. 진행 중인 일이 훨씬 더 많다. 하나님이 이웃 속으로 앞서 들어가 움직이고 계신다.

1부
새로운 여정을 향하여

대화는 전형적이다. 당신은 즉각 불안을 감지한다. 어느 교회나 교단 사무실에서 나온 팀이 전화나 화상 회의를 통해 당면 과제에 대해 설명한다. 어떤 변화를 일으켜야 그들이 살아남거나 다시 성장할 수 있는가?

교단 지도자 한 사람이 마을에 찾아와 점심 식사를 하며 대화를 나누자고 한다. 어느 일식집에 들어가 자리를 잡자 그는 자기 지역의 상황을 설명한다. 결국 그가 궁금해하는 것은 자기가 어떤 다른 교회로 바뀌어야 하는지, 자기들은 모르는 뭔가를 우리가 알고 있는지다.

또 다른 교단에서 온 관계자는 생사의 경계선을 넘나드는 교회들의 비율이 점점 늘고 있다고 설명한다. 그 교회들은 전임 목회자를 고용할 수 없고 교인들과 리더들은 불안감에 떨고 있다. 뭔가 잘못되어 가고 있고, 사람들은 해답을 원한다.

나는 몇몇 교회에서 진행 중인 상상 프로젝트의 진척 상황을 논의하기 위해 덴버에 있는 지역 집행부를 만났다. 거의 아무 일도 일어나지 않았다. 그들이 상상 프로젝트가 진척되는 것을 원하지 않아서가 아니라, 교회와 리더들 사이에서 점점 더 잦아지는 갈등과 역기능을 해결하느라 시간과 에너지를 다 소진하고 있기 때문이었다.

이와 같은 이야기들이 모든 교회나 교회 리더에게 해당하는 것은 아니지만, 점점 더 보편적이 되고 있다. 이 이야기들이 보여 주는 바는 개신교 교회들이 꽤 오랜 시간 동안 거대한 와해의 과정을 겪고 있다는 사실이다.

현실적으로 희망에 발을 들여놓기 위해서는, 우선 멈춰 서서 어떻게 우리가 이 단계에 도달하게 되었으며, 이 와해의 과정이 무엇을 의미하는지 이해할 필요가 있다. 이사야 선지자는 이스라엘 백성에게 어떻게 그들이 처한 상황에 도달하게 되었는지를 일깨워 준다. 거듭해서 이스라엘 백성은 자기들의 생존과 정체성을 이집트에 팔아넘겼다. 그들은 언약의 신실성을 상실하고 장기간 바빌론에 유배되고 말았다. 이 사건들이 단지 우연히 이스라엘에게 벌어진 것이 아니었다. 이스라엘 백성과 그들의 지도자들이 참여해서 만들어 낸 사건들이었다. 각 상황에서 그들은 권력이나 생존 전략에 소망을 걸었다.

그러나 이사야가 이 이야기를 상기시키는 것은 이스라엘을 귀찮게 하기 위해서가 아니다. 대안 현실을 제시하기 위한 일환으로 그러는 것이다. 이는 와해의 과정 한복판에서 하나님이 임재하시며 활동하신다는 현실이다. 우리 역시 하나님이 이루어 가시는 미래를 보기 위해서 우리를 이 와해의 자리로 이끈 이야기들을 다시 검토할 필요가 있다. 1부에서는 지난 반세기가 넘는 동안 무슨 일이 일어났는지를 개관한다. 2부에서는 우리가 어떻게 변할 수 있는지 그 방법들을 제안한다.

이것은 거대한 와해에 대한 이야기다. 내가 이 이야기를 하는 것은 우리가 다른 미래를 소유할 수 있도록 토양을 갈아엎기 위함이다.

1장

거대한 와해

아내는 뜨개질을 좋아한다. 아내가 뜨개질하는 모습을 보노라면 어안이 벙벙해진다. 아내는 몇 시간 동안 뜨개질을 하다말고 큰 한숨을 내쉬며 일주일은 걸렸을 뜨개질 작품을 풀어 버리곤 한다. 그 모습은 바라보기가 안타깝다.

우리 이야기에서 해체가 진행되고 있는 것이 있다. 북미 전역에서 오랫동안 소중히 간직해 왔던 '유럽 종족 교회들'(Euro-tribal Churches)의 전통이다. 내가 특별한 의도를 가지고 사용하는 이 용어를 잠시 설명해 보겠다. 내가 가장 밀접하게 일해 왔던 교회들, 그리고 이 책에서 직접 다루는 교회들은 지난 4-500년에 걸쳐 영국과 유럽에서 건너온 이주자들로 이루어진 교회들이다. 그 교회들이 미국과 캐나다에서 주된 기독교 집단들을 형성했다. 그들은 15세기와 16세기 종교개혁에서 유래한 종족적·종교적 정체성을 위주로 형성된 교단들을 만들었다. 여기에는 (독일과 스칸디나비아의) 루터교, (잉글랜드의) 성공회, (스코틀랜드의) 장로교, (영국의) 캐나다 연합교회, (잉글랜드의)

감리교 및 침례교, (네덜란드 및 독일의) 메노나이트 등이 있다.

상당할 정도로 이 교단들은 강력한 국가적·민족적 정체성이라는 맥락 안에서 형성되고 확장되었다. 이런 까닭에, 나는 이들을 종족적이라고 규정하고, '유럽 종족 교회들'이라는 말을 붙였다. 이 책의 주제는 아니지만, 이 유럽 종족 교회들에 의해 그리스도의교회, 오순절교회, 그리고 내셔널 침례교회나 아프리칸 감리교 성공회와 같은 토착 분파 등 상당수의 '미국산' 교단들이 만들어졌다는 점은 주목할 만하다. 이렇게 생겨난 교회들은 유럽 종족 교회의 이야기와 아주 미묘한 차이를 내면서 나란히 발전했다. 마찬가지로, 북미로 이주한 이들의 로마가톨릭교회도 다른 많은 교단 중 하나로 자신을 재정의해야 했다. 여러 가지 이유로—아마도 로마가톨릭의 예배 의식 전통과 위계질서가 더 쉽게 국가적·문화적 정체성들을 뛰어넘을 수 있기 때문에—그들은 개신교 교단들보다 더 응집력 있게 와해를 견뎌 낼 수 있었던 것으로 보인다.

유럽 종족 교회들의 경우, 이 와해의 이야기는 지난 세기(20세기) 중반으로 거슬러 올라간다. 사회학자인 휴 매클라우드(Hugh McLeod)는 붕괴(breakdown)에 이르는 과정을 이렇게 설명한다.

> 1940년대와 1950년대에는 종교 엘리트와 세속 엘리트 사이에 긴밀한 관계가 유지되었고, 대부분의 자녀들이 기독교 모임의 일원으로 사회화되었다고, 교회가 교육 및 복지와 같은 분야에서 큰 부분을 차지하고 법률과 도덕에 주요한 영향력을 끼쳤다는 점에서, 서유럽과 북미를 일종의 '기독교 왕국'으로 생각하는 게 아직은 가능했다.'

1940년대와 1950년대는, 공산주의의 외적 위협이라는 공포에 영향을 받았지만, 이런 교회들에게는 황금기였다. 제2차 세계대전에서 승리한 후 대공황이 끝났으며, 민주주의는 냉전 중에서도 우위를 차지했다. 서구 사회는 지난 반세기의 역경을 뒤로하고 자축할 준비가 되어 있었다. 대부분의 개신교 교회는 이런 환경에서 번영을 구가했다. 당장이라도 모든 사람이 그리스도인이 되고 모든 것이 기독교적이 될 것처럼 보였다. 이들 교회가 그 시대의 공적·사회적 양심을 상징했다. 교회는 예배 가운데 나라를 이끄는 정부와 교육과 경제와 전문 분야의 지도자였다. 젊은 가족들은 새로운 교외 지역을 차지했으며, 교회는 사람들로 가득 찼고, 교단들은 교회 개척의 전성기를 경험했다.

이런 환경 속에서 교회가 스스로를 사회의 중심으로 보고 교회의 선포와 행동을 통해 사회의 구속과 향상을 이끌 것으로 생각했다하여 이 교회들을 탓하기는 어려울 것이다. 그들은 새로운 교회 개척을 확대하고, 신학교들을 채우며, 대륙 전체에 지부를 두고 요람에서 무덤까지 유명 프로그램을 제공하는 기업화된 교단 구조를 확장하는 등 열정적으로 성장을 추구했다. 도널드 루이든스(Donald Luidens)는 이렇게 묘사한다.

기업화된 교단의 '은유'는…미국 전역에서 종교 단체들의 설립과 일상화를 초래한 조직의 공식을 적절히 표현한 것으로 보인다. 제2차 세계대전 이후 시대에 넓게 개방된 '종교 시장'은 이 기업 모델의 발전을 촉진했다. 성장하는 틈새 시장을 차지하고자 경쟁하는 사업들처럼, 나라 전역의 개신교 교단들은 자기들의 생산 공정과 마케팅 기술을 완벽하게 일상화했다. 초기에는 경쟁 수준은 최소였고 '성공'은 일반적이었다. 그러나 시간이 흘러가면서 종교 시장도 붐비게 되었으며, 경쟁은 확대되고 성공은 달성하기 힘들어졌다. 그리하여 기업화된 교단의 변화를 가속화했다.…

그 시대의 제국주의적 낙관주의를 반영하여, 기업 모델은 기독교 사역에 세계 비전을 도입했다[이 시기의 개신교 대표 저널 「크리스천 센추리」(*Christian Century*)라는 이름에 상징되어 있다].…기업 모델은 외부 지향적이고 확장주의적인 기독교에 연료를 공급했으며, 다시 그 기독교로부터 연료를 공급받았다.[2]

다가오는 지진을 의식하거나 준비한 교회는 거의 없었다. 오순절 이후에 하나님의 통치를 예루살렘과 유대교의 내러티브 안에서 재확립하는 일에만 집중하느라 성령이 그 내러티브의 기본 전제들 대부분을 와해하시려는 방식을 볼 수 없었던 어린 교회처럼, 교단들도 성령께서 곧 그들을 데려가실 거대한 단절을 인식하지 못했다.

개신교 이야기는 전후 세대들(post-war generations)의 상상력이나 갈망을 수용할 수 없었다. 그래서 1960년대는 사회·문화·종교의 세인트헬렌스 화산처럼 폭발해 버렸다. 매클라우드의 관찰처럼, "서구 종교 역사에서 이 몇 년간은 종교개혁으로 유발된 단절처럼 심원한 단절을 남긴 시기로 봐야 할 것이다.…1960년대는 세계적 현상이었다."[3]

북미와 유럽 전역에서 우리는 베이비붐, 상당수의 대중에게 경제적인 혜택이 돌아갈 가능성이 높아진 현상, 민권 운동, 베트남 전쟁, 성혁명, 자아를 의미의 가장 중요한 원천으로 보는 관점의 등장 등을 목도했다. 이러한 일들과 더불어서 인간 잠재력 운동, 여권신장 운동,

종교 선택의 다변화로 축소된 세계, 영국의 징병제 폐지, 엘리트에 국한되었던 고등 교육이 중산층까지 확대된 일, 사회의 교외화(suburbanization), 새로운 미디어의 확충 등이 잇달아 일어났다.

변화는 계속되었고, 그 영향력은 거대하고 예상하기 어려웠다. 바빌론 포로기나 주후 70년에 일어났던 예루살렘 함락과 같이 이 사건들은 거대한 단절을 초래했다. 교회들은 예상 못한 세상 속으로 던져졌다. 고장 난 부분을 보수해서 이전에 알던 안정과 예측 가능성으로 복귀하려는 것이 자연적 본능이다. 그러나 그 세계는 찢겨져 나갔다.

1960년대에 이르러 주류 교단들의 수적 성장은 급브레이크를 밟으며 멈췄다. 피터 버거(Peter Berger)와 깁슨 윈터(Gibson Winter) 같은 문화 관찰자들의 경고에도 불구하고, 교회들은 대부분 준비되지 않았다. 교회들은 전국적으로 인력을 확충하고 전국 본부 건물을 세웠으며 자기들의 상품화된 프로그램들을 내다 팔았다.

개신교 교회들은 새롭게 등장하는 문화적 환경 속에서 설자리를 계속해서 잃어 갈 뿐이었다. 어떤 일이 발생하더라도, 그 변화는 이후 몇십 년간 수그러들기는커녕 속도를 높여 갔다. 보수 복음주의 교회들이 성장의 비결을 발견했다는 주장이 있지만, 사실 보수적 교회들이 성장한 주요 이유는 주류 교회들에서 떨어져 나온 사람들이었다는 충분한 증거가 있다. 보수 개신교 교회들 역시 얼마 지나지 않아 와해의 쓰나미를 경험했다.

이 와해는 교회들과 1960년대 이후 등장한 세대들 사이의 연결고리가 점차 사라졌음을 아주 날카롭게 보여 주었다. 여기에 몇몇 실례가 있다.

- 만일 당신이 1925년에서 1945년 사이에 태어났다면, 오늘날 당신이 교회에 다닐 확률은 60퍼센트다.
- 만일 당신이 1946년에서 1964년 사이에 태어났다면, 오늘날 당신이 교회에 다닐 확률은 40퍼센트다.
- 만일 당신이 1965년에서 1983년 사이에 태어났다면, 오늘날 당신이 교회에 다닐 확률은 20퍼센트다.
- 만일 당신이 1984년 이후에 태어났다면, 오늘날 당신이 교회에 다닐 확률은 10퍼센트 미만이다.

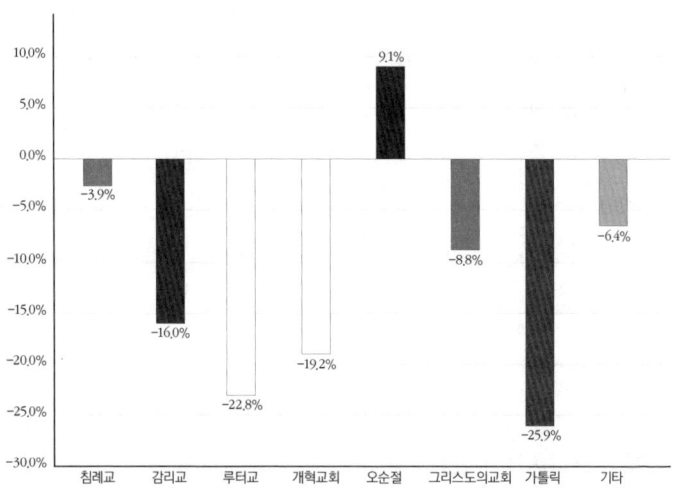

교파별 교인수 증가 또는 감소 비율(1990-2005년)

예상치 못한 곳에서 들려오는 기쁜 소식

결론적으로 성령께서 이 긴 와해의 과정에서 일해 오셨다는 것이 나의 확고한 주장이다. 성령께서는 새로운 상상을 품으라고 교회들을 초대하신다. 그러나 이전 것이 먼저 와해되어야 우리는 그것을, 그 과거의 실상이 무엇인지 제대로 볼 수 있다. 이런 의미에서 우리 교회들이 갖고 있는 병증은 하나님의 역사였다. 이 제안에 담긴 몇 가지 함의를 설명해 보겠다.

첫째: 만일 이 긴 와해의 과정에서 성령께서 일해 오셨다면, 하나님은 유럽 종족 개신교 교회들에 대해서 손을 거두신 것이 아니다. 성경을 보면, 무너지는 곳들은 하나님 백성을 위해 하나님이 새로운 장래를 형성하시는 서곡이었다. 예를 들어, 사도행전 8장에 나오는 박해는 오순절 후에 제자들이 상상했던 교회와는 완전히 다른 교회의 등장을 촉발했다.

둘째: 우리는 현재 혹은 일시적으로 '유배' 상태에 있지 않다. 1970년대에 리더의 자리에 오른 세대에는 그런 언어가 의미 있었다. 그러나 이후 세대에게 이 세상은 어떤 낯선 유배지가 아니다. 유배라는 언어에는 돌아갈 길이 있을 수 있다는 뉘앙스가 있다. 그러나 사실, 돌아갈 수는 없다. 우리는 현재 새로운 곳에 있다. 이곳은 많은 사람이 제 집이라 부르는 땅이다. 따라서 교회는 매우 다른 질문을 던져야 한다. 어떻게 교회를 고쳐서 재가동할 것인가라는 유배적 관점의 질문은 우리가 성령을 분별하는 데 별 도움이 안 될 것이다.

셋째: 이 와해의 공간은 희망의 공간이다. 우리는 성령께서 하나님의 선교 이야기의 새 장(章)을 위해 우리를 준비시키는 것을 보고 있다. 우리 교회들은 하나님의 백성이 되는 길 끝자락에 있는 동시에 이전과는 상당히 다른 무언가가 시작되는 자리에 있다. 여기에는 교회를 고치는 게 아니라 탐험의 여정에 나서라는 초대에 대한 우리의 자각이 포함된다.

넷째: 이 여정에서 우리는 단절을 경험하고 있다. 약간 조정하는 정도가 아니라 전면적 변화가 요구된다. 우리가 처음에는 낯설고 어색해 보일 실천 방식을 시도한다는 점에서, 성령의 초대는 위험 감수를 요구하는 것이다. 또한 하나님이 어디에서 일하시는가에 대한 우리의 기본 인식을 바꿀 것을 요청할 것이다. 하나님이 행동하시는 자리에 대한 우리의 생각도 바꿀 것이다.

다섯째: 우리는 성령께서 우리보다 앞서 우리 이웃들 가운데서 무슨 일을 벌이시려는지를 분별하고 그곳에서 하나님께 참여하는 공동의 여정에 착수하고 있다. 우리는 어떻게 함께 분별하는가? 우리가 어떻게 하나님께 참여하는가? 이 참여는 함께 모인 우리에게 어떤 변화를 요구할 것인가?

여섯째: 새로 떠나는 모든 여정이 그렇듯, 우리에게는 새로운 여행 방법이 필요할 것이다. 그리스도인들은 그 방법을 '**실천**'(practices)이라 부른다. 이 책 2부에서는 그 **실천** 가운데 몇 가지를 탐구할 것이다.

이상 여섯 가지 이유와 더 많은 이유로 나는 와해가 우리에게 주시는 하나님의 기쁜 소식이라고 생각한다. 성령께서 하나의 문화에서 기성화된 교회의 행동 양식과 자리를 근본적으로 뒤흔드시는 일은 처음이 아니며, 마지막도 아닐 것이다. 구약성경과 신약성경에는 그러한 예가 풍부하다. 게다가 기독교가 로마 제국의 공식 종교로 지정되었을 때 일어났던 혼란을 생각해 보라. 그 혼란 및 단절은 사막 수도원 전통의 시작으로 이어졌다. 5, 6세기경 유럽은 거대한 사회적 변화의 시기를 겪었으며, 이는 영국 제도의 켈트 선교사 운동 같은 새로운 운동들의 등장을 촉발했다.

우리가 지금 겪고 있는 대와해를 일종의 기회로 또한 더 나아가 성령의 역사로 여겨야 한다고 내가 여러 그룹에 제안했을 때, 그에 대한 반응은 여러 가지였다. 먼저, 사람들은 마지못해서 그 평가에 동의한다. 그런 다음에 저항하고 비판하는 입장들을 취한다. 사람들은 이 책에 제시된 상상과 실천이 자기들 교회에서나 교단에서 실행하기에는 너무나 극적이라고 말한다. 이러한 반응은 이해할 만하며, 나는 그것을 묵살하지 않는다. 필요한 것은 북미에서 그리스도인의 삶에 급진적 전환이 일어나는 것이다.

내가 이런 확신에 이른 것은, 삶의 중심에서 기독교 내러티브를 급격히 제거하는 사회 속에서 그리스도인의 정체성 문제를 두고 여러 해 동안 씨름하고 나서다. 나는 다양한 교단 지도자들과 일하는데, 그들은 나에게 교인들이 기독교 이야기가 하나님이 세상에서 무슨 일을 벌이시려는지, 또는 우리가 그 이야기를 중심으로 어떻게 우리 삶을 만들어 가는지에 대한 일관성 있는 내러티브를 어떻게 형성하는지를 모른다고 말한다. 최근 어느 주교는 여러 교회와 목회자를 만난 뒤에 애끓는 고통을 느낀다고 말했다. 그들은 사람들에게 친절과 보살핌을 베푸는 법은 알았지만, 기독교 이야기는 몰랐다. 교인들은 기독교 이야기의 단편들에 미디어나 최신 유행하는 영성 및 자조 프로그램에서 가져온 다른 조각들을 함께 붙여, 계속 변하는 신앙과 실천의 혼합물을 합성하여 자신들의 것으로 삼는다. 모든 것을 바로 잡아 줄 제자훈련 프로그램이나 워크숍에 대한 갈구가 있지만, 문제는 더 깊은 차원에 있다. 하나님의 백성 됨에 대한 현재의 가정 내에서는 와해 문제가 해결되지 않을 것이다.

우리 교회나 전통의 종말을 제시하려는 게 아니라, 회중의 삶과 성직자의 역할이 극적으로 바뀌어야 한다는 것이다. 교회는 여전히 우리의 도시와 마을과 동네에서 하나님의 선교가 수행되는 중추적인 곳이 될 것이다. 교회는 사라지지 않는다. 와해는 교회를 재편하는 것에 대한 문제다. 이 재편은 이미 진행 중이다.

와해의 이미지

'와해'라는 이미지에 대한 저항을 목격해 왔기 때문에, 교회의 삶에서 이 와해의 단계를 이해하는 것이 그토록 중대하다고 생각하는 이유를 잠깐 설명해 보겠다.

와해는 자연스런 삶의 일부다
인생이란 시간이 흐르면서 와해의 과정을 겪는다. 내 아내는 밴쿠버에서 온타리오로 1년에 여러 차례 다닌다. 장인 장모의 연세가 아흔 후반에 이르자 아내의 여행은 더 잦아졌다. 매번 방문할 때마다 제인은 자기 엄마 아빠가 예전에는 당연히 발휘하던 능력을 잃는 것을 본다. 장인 장모는 한때 여행을 좋아했었다. 그러나 지금은 우리가 아무리 편하게 모시려고 해도 비행기를 타는 것 자체가 그분들에게는 너무 어려운 일이다. 그런 모습을 바라보는 게 고통스럽지만, 그것이 자연스럽고 이치에도 맞는 일임을 우리는 잘 알고 있다. 그분들은 노쇠해 가고 있다. 변하고 있다. 그리고 그분들과 더불어 우리 삶도 와해되고 있다.

내 손녀딸 매디가 2007년에 태어났을 때, 누군가가 매디에게 아기 담요를 떠서 선물했다. 매디와 담요는 떼려야 뗄 수 없는 사이가 되었다. 여러 해가 지나면서, 그 '담요 녀석'(Blanky)은 세탁기와 건조기를 들락날락하기를 기억할 수 없을 만큼 수없이 반복했다. 셀수없이 빨래를 한 덕분에 블랭키는 수선이 불가능할 정도로 해어져 버렸다. 아내와 딸은 너덜거리는 가장자리를 수선하려고 애썼지만 속수무책이었다. 최근 들어서는 담요 중앙에 흉한 구멍이 여기저기에 났다. 그 블랭키는 와해되고 있다.

우리 가족 중에 이런 일을 반기는 사람은 아무도 없다. 블랭키는 매디의 성장 과정에서, 특히 매디의 엄마가 암 투병을 할 때에 아주 중요한 요소였다. 곁에 블랭키가 있으면, 안정과 역사와 위로와 온기는 물론 정상이라는 느낌마저 있다. 우리는 구멍을 수선하고 싶었다. 그러나 매디는 곧 블랭키가 곁에 없는 삶에 적응해야 할 것이다.

새 포도주에는 새 부대가 필요하다

그동안 우리가 하나님의 백성으로 살아온 방식들이 잘못이라는 뜻은 아니다. 그 방식들은 또 다른 시대를 위해서 개발되었고, 이제는 거대한 사회 변동 한복판에서 당기고 찢겨 해어지고 있다. 이것이 부분적으로는, 예수님이 새 포도주와 가죽 부대에 대해 말씀하신 이유다(마 9:16-17). 예수님은 우리가 전통을 내던져 버려야 한다고 말씀하지 않으셨다. 포도주에 대해 좀 안다면, 새 포도주라는 게 항상 좋지는 않다는 것을 알 것이다. 좋은 포도주는 여러 해를 묵혀 두어야 숙성되어 맛이 난다. 그러나 때때로 포도주 부대가 늘어나 탄력을 잃는 경우가 있다.

내가 말하려는 바는 단순하게 새것을 환영해야 한다는 것과는 거리가 멀다. 예배나 성직자 교육에서 최신 최고의 유행을 수용하라는 요청이 아니다. 그러나 그리스도인으로서 우리의 상상력은 하나님의 백성 됨에 대해 특정 방식에 갇혀 있다. 성령께서 우리에게 다른 방향을 가리키시는데도 우리는 옛 가죽 부대를 수선하려고 에너지를 쏟고 있다.

와해는 슬픔보다는 영감을 준다

우리가 겪는 와해는 그저 단순한 와해가 아니다. 엄청난 와해다. 우리에게 특별히 소중했고 대단히 중요한 것이 산산조각 나서 더 이상 다시 붙일 수 없어졌다. 유럽 종교개혁에서 나온 교회 전통들이 지난 400년 이상 우리의 상상력을 키워 주고 형성해 왔다. 그리고 그 상상력은 다시 우리의 생활 방식 전체를 형성했고, 우리에게 정체성을 주었으며, 세계를 읽고 항해하는 방법들을 제공해 주었다. 이 소중한 유산이 서구 사회의 거의 중심부에서 오랫동안 그 역할을 해 왔다. 우리는 사실상 그 오랜 기간의 끝자락에 있다.

이 사실을 염두에 두면서, 논평가들은 우리가 상실을 경험하고 있으며, 앞으로 전진하기에 앞서 애도의 단계들을 통과해 나갈 유의미한 시공간이 우리에게 필요하다고 꾸준히 말한다. 한때는 나도 거기에 동의했지만 더 이상 그렇지 않다. 어떤 애도는 좀더 오래갈 것이다. 그러나 애도가 가장 주된 반응일 수는 없다. 애도는 유럽 종족 교회의 이야기들 속에서 오래 살아왔고 그 안에 깊이 빠져 있는 사람들에게 해당된다. 그리고 그 정체성을 짊어진 자들을 위한 것이다. 그러나 만일 그 교회의 영광이 최소한 지난 40년 전에 지나갔다면, 이는 이러한 기억들이 없는 세대들이 대다수라는 의미다. 그들이 와해 이전의 삶에 대해 많이 듣고 나이든 지도자들을 따라 애도에 참여할 수 있다 할지라도, 그들이 아는 유일한 이야기는 와해뿐이다. 이 새로운 세대들은 다른 경험과 기대를 갖고 있다. 따라서 우리에게는 애도와 수리의 내러티브가 최우선이라는 주장에 도전할 그들의 지도력이 필요하다.

와해의 이유를 설명하려는 시도는 무용지물이다

상실은 설명을 필요로 한다. 기독교 세계의 종국을 말하는 사람들이 있는가 하면, (기독교 이후 시대 혹은 교단 이후 시대와 같이) '이후'(혹은 후기, post-) 무슨 시대를 말하는 사람들도 있다. 그러나 이런 말은 그다지 도움이 되지 않는다. 신학자 그레이엄 워드(Graham Ward)가 언젠가 말했듯이, 어떤 추상 명사 앞에 '이후'라는 수식어를 붙인다고 해서 그 명사가 더 분명해지는 게 아니다. 이는 우리에게 발생한 일을 설명할 수 없다는 설명의 상실을 상징한다.[4] 여전히 세속화가 범인이라는 사람들도 있다. 그러나 나는 그 이론은 문제가 있다고 생각한다. 우리는 그저 불신앙의 세계에서 살아가는 게 아니다. 우리는 그 반대가 사실이 된 시대를 살고 있다. 사람들은 무언가 믿기를 열망하는데, 교회들은 그들의 이목을 사로잡을 힘을 거의 상실했다.

만일 그런 설명들이 충분하지 않다면, 우리는 무엇을 해야 하는가? 만일 우리가 이 교회들이 지난 50년 동안 이 와해를 실제로 어떻게 다뤄 왔는지를 묻는다면 어떨까? 이 와해의 한복판에서 우리가 무슨 일을 해 오고 있는지를 살펴본다면, 우리가 어떤 확신을 갖고 일해 왔는지를 알게 될 것이다. 만일 이러한 확신들 몇 가지를 밝혀 낼 수 있다면, 이 위기를 다룰 길을 제안할 수 있을 것이다. 이것이 다음 장에서 다룰 우리의 과제다.

2장

와해에 대한 반응들
"우리가 그동안 뭘 했지?"

> 우리의 개인적 현실들을 넘어서는 진짜 위기를 다루는 열쇠는 우리가 정상이라고 여기는 것의 바깥으로 나갈 수 있는 우리의 능력에 달려 있다. 위기가 충분히 크다면, 내러티브를 재고해야만 한다. 그렇지 않으면 내러티브가 우리를 파괴할 수도 있다.
>
> 존 랠스턴 솔(John Ralston Saul), 『복귀』(*The Comeback*)[1]

행동은 결코 중립적이지 않다. 우리의 행동에는 일이 어떻게 진행되어야 하는지에 대한 검증되지 않은 전제들이 담겨 있다. 우리의 행동이 고백서와 신앙 선언문보다 우리의 신념, 확신, 동기에 대해 더 많은 것을 전해 준다는 뜻이다. 우리가 무엇을 해 왔고, 왜 그렇게 해 왔는지 진실을 말하지 못할 정도로 적합한 길을 찾지 못할 것이다.[2]

이런 이유로, 이 장에서는 1960년대부터 지금까지 이 와해를 해결하기 위해서 유럽 종족 교회들이 무슨 일을 해 왔는지 정리해 보도록 하겠다. 이는 포괄적이기보다는 함축적이며, 우리가 걸어온 지형의 주요 윤곽을 보여 주는 약식 지도와 같다.

내가 교회 세계에 들어서고 목사로 안수 받은 시기의 이야기다.

1970년대 초반에 장차 철학을 가르치는 사람이 되려고 대학원에서 공부하고 있었는데, 그때 하나님이 나를 교회로 부르셨다. 목회학 석사 과정을 마치고, 나는 작은 도시에서 첫 직임을 맡았다. 뒤돌아보니, 내가 이 세계로 들어온 것은 바로 와해가 본격화하기 시작한 때였다. 그때부터 현재까지, 목사로서 신학교 선생으로서 컨설턴트로서 내 삶의 활동 무대는 이 유럽 종족 개신교 교회들이었다. 다시 말해, 나는 지난 40년 이상을 거대한 전복과 탈중심화와 와해의 시기를 가까이서 목격한 것이다. 우리는 지금까지 무슨 일을 해 오고 있는가?

갱신과 관계 혁명: 1960년대에서 1970년대 중반까지

그리스도인들은 각 세기마다 앞선 세기의 필요와 상황에 잘 부합하는 제도적 형태들을 만들어 낸다.…대개 교회를 둘러싼 세계의 변화는 인식하지만 이를 바탕으로 행동하지는 않는다.…우리 세대는 급진적인 제도적 변화를 이룰 기술을 숙달하지 않으면서 문화 비평 기술만 숙달하는 듯하다.[3]

1960년대는 수대에 걸쳐 교회와 북미 기득권층의 특징이던 특권과 권력 의식을 제대로 날려 버렸다. 이러한 분출에 대한 교회의 반응은 다양했다. 어떤 교회들은 20세기 초반의 사회 운동에 눈을 돌려 민권과 평화를 요구하는 저항 운동에 가담하면서 정의와 사회 변혁에 대한 갈망으로 힘을 얻었다. 그들은 교회를 사회 개혁을 위한 새로운 전위대의 일부로 보았다.

그러나 1960년대 후반 들어서, 점점 교외화된 개신교 교단들의 에너지가 바뀌었다. 이 교회들 대다수는 립 밴 윙클[Rip Van Winkle, 워싱턴 어빙의 『스케치북』(The Sketch Book)에 수록된 단편 소설에 나오는 게으른 주인공—편집자주]처럼 자기들에게 무슨 일이 일어나는지 전혀 몰랐다. 그들의 초점은 사회 운동이 아니라 자기네 교회의 성장에 있었다. 당시의 시대정신에는 급진적 변화와 '전통'에서 '사명'4으로의 전환을 촉구하는 요청이 있었다. 그러나 이러한 변화 요청들 대부분은 내부적 관점을 유지하여, 만일 무언가(그것을 인수 X라고 하자)를 고칠 수 있다면 교회가 다시 현실 적합성을 갖게 되리라 믿었다. 그리하여 그 X가 무엇이며, 그것을 고침으로써 교회가 어떻게 회복될 수 있는가에 대한 여러 다양한 책이 출간되었다.

놀랄 것도 없이, 교회의 갱신을 요구하는 목소리는 점점 늘어났다. 조직 갱신, 프로그램 갱신, 예배 갱신 등 온갖 종류의 갱신을 부르짖었다. 새로운 형태의 설교와 현대적 요소를 도입함으로써 예배를 갱신하자는 요구도 있었다(교회에 록 콘서트를 끌어들이거나, 기타와 드럼은 물론 전통 찬송가와 오르간에나 적합했던 찬양곡을 바꾸거나, 좀더 고대 양식의 예전을 재도입하거나). 가톨릭과 개신교 교회 안에서 일어난 은사주의 갱신 운동이 고군분투하던 교회들에게 성령이 인도하시는 새로운 생명력에 대한 소망을 불어넣었다. 갱신에 대한 이러한 요청들은 평신도 사역으로의 복귀나 에베소서 4장에 나오는 오중 사역 형태(사도, 선지자, 목회자, 교사, 복음전도자)의 회복의 틀을 갖추게 되었다. 그러한 것들은 교회들이 너무 성직자 중심이고 제자도에 대한 폭넓은 이해에서 벗어나 있다는 확신에 기초해 있었다.

교회와 그 목적에 대한 재평가를 요구하는 책들이 출판사들에서 쏟아져 나왔다. 교회의 새 얼굴을 요구하는가 하면, 급진적 구조 변화나 주류 교회의 '기성 체제'와의 공모 관계 단절을 요구하기도 했다. 교회를 녹지화하라고 요구하는가 하면, 신약성경에 기초해서 교회의 목적을 냉철히 점검하면 교회가 효율적이 되리라 믿기도 했다.[5] 심지어 1970년대에도 교회의 참된 목표를 재발견하고 문화에 부응하기 위한 새로운 전략을 개발하는 이머징 교회에 대한 요구가 있었다.[6]

많은 사람이 '관계 혁명'에 대해 책을 썼다.[7] 관계 혁명은 사람들의 개인적 열망과 필요를 하나님의 목적에 다시 연결시켜 준다고 약속했다. 그 운동은 많은 형태를 띠었다. 그중 더욱 두드러진 것들 가운데 하나가 '일터 신앙'(Faith at Work)인데, 사람들로 하여금 일터에서의 삶을 그리스도인의 정체성의 중심부로 삼아 일과 관련 맺게 하려고 했다. 새로운 심리학적 통찰들을 성경이 말하는 치유와 온전함에 적용하는 일도 갱신에 포함되었다. 『낡은 부대를 터뜨리는 새 포도주의 맛』(*The Taste of New Wine*, 살림), 『두 번째 터치』(*The Second Touch*), 『용의 거주지』(*The Habitation of the Dragon*)등의 책을 쓴 평신도 저자 키스 밀러(Keith Miller)는 그리스도인들을 자아의 내적 삶에 주목하게 하고 일과 신앙을 통합하는 데 성공했다.[8]

소그룹 운동이 무미건조한 일요일 예배나 형식적 위원회를 넘어 사람들을 연결시키는 열쇠로 전면에 부상했다. 인간 잠재력 운동(Human Potential Movement), 자아 초월의 심리학, 매슬로의 욕구 단계설에 발맞추어, 교회 갱신 운동들은 관계성과 정직성과 친밀함에 대한 의식을 더 키우고자 애썼다. 이 시기에는 또한 임상 목회 교육에 새로이 초점이 맞춰졌다. 상담사나 치료사처럼, 성직자도 병원에서 임상 수련을 받은 돌보미가 되었다. 상상력을 재빨리 내다버리는 시대에 의료나 다름없는 모델이 목회 리더십에 신뢰도를 부여했다.

종합해 보면, 이 제안들은, 만일 1) 분위기와 음악과 동시대(즉 베이비붐 세대의) 문화의 에토스를 뒤섞어 2) 본질적이며 성경적인 교회 형태와 결합한 다음, 3) 성령을 초대하여 그 혼합물을 휘저으시게 할 수 있다면, 4) 교회들은 바로잡힐 것이며 사회의 중심을 차지했던 이전의 지위로 되돌아갈 수 있을 것이라는 확신에 의해서 진행되었다.

이는 역사를 기술하는 것이 아니라 발생한 일에 대한 하나의 표본이다. 나는 베트남 전쟁과 반전 운동의 영향, 그리고 그에 따른 사회의 근본적 변화에 대한 요구는 고려하지 않았다. 하지만 이 에너지는 1970년대 중반에 이르러 그 배경이 되었다.[9] 사회학자 깁슨 윈터는 그의 고전 『교외 지역에 갇힌 교회들』(*The Suburban Captivity of the Churches*)에서 그 이유를 설명한다.[10] 제2차 세계대전 이후, 유럽 종족 교회들은 새로운 교외 지역으로 피신했다. (계급과 인종과 경제로 인한) 이 대대적인 인구 변화는 1970년대 후반에 이르러 유럽 종족 교회 대부분이—확실히 교인과 에너지 대부분이—교외 지역으로 이동했음을 의미했다. 이 교회들은 경험과 자기표현과 자아실현에 대한 강력한 욕구를 특징으로 하는 베이비붐 세대의 등장과 더불어 형성되었다. 이 세계에서 교회는 우선 자체 교인들을 보살피고, 프로그램을 확장하며, 대체로 교외 지역 주민들에게 더 매력적으로 보이기 위한 갱신에 집중했다.

교회 성장: 1970년대와 1980년대

1970년대 중반부터 1980년대에 이르기까지 약간 다른 목소리들이 갱신에 대한 요청에 응답하기 시작했다. 그중 하나는 교회 성장 운동이고, 다른 하나는 교회 연구 노력이었다. 두 경우 모두, 점증하는 와해에 대한 대응은 교회를 좀더 효과적으로 만들자는 데 초점을 맞추었다.

교회 성장 운동은 1960년대에, 참으로 이상하게도 도널드 맥가브란(Donald McGavran)의 『하나님의 선교 전략』(The Bridges of God: A Study in the Strategy of Missions)을 잘못 적용함으로 시작되었다.[11] 맥가브란은 인도 선교사였고, 그의 책은 확연하게 구별된 사회-문화적 그리고 종교적 차이를 지닌 인구 집단들에 대한 연구서였다. 그의 통찰들은 한창 뜨고 있던 북미 교외 지역의 동질적 인구 집단 속에 교회를 세우는 기술로 전환되었다. 이때가 바로 '끌어들이는'(attractional)과 '구도자에 민감한'(seeker sensitive)이라는 용어가 유행하던 때였다. 교회는 새롭게 다수 인구를 구성하기 시작한 베이비 붐 세대에게 마케팅과 미디어 기술들을 적용했다.

교단과 학교와 교회 병행 단체들은 교회 성장 전문가 무리를 배출했고, 그들은 교회가 어떻게 정체 상태에서 벗어나 다음 단계의 수적 성장에 이를 수 있는지를 진단하는 평가 도구와 바인더류 교재를 중심으로 진행하는 워크숍, 훈련 과정을 갖추고 대륙 전역으로 퍼져 나갔다. 어느 지역, 어느 교회에서나 보편적으로 적용될 수 있는 최상의 실행안을 찾아내기 위해서 성장하는 교회들을 연구했다. 그러나 여기서도 그 교회의 사회적·문화적·지리적·정치적·민족적 맥락은 거의 무시되었다. 이 운동은 대부분이 백인인 유럽 종족 개신교 교회와 당시 부상하던 보수 복음주의 다수를 형성했다. 바인더를 숙지하거나, 교인들의 영성에 불을 붙이거나, 예배당을 증축하거나, 주차장을 보수하거나, 쇼핑몰과 주택 개발 공사가 시작되려는 교차로로 이전하라. 성경은 이 운동의 주장을 뒷받침해 주는 또 하나의 도구였다. 하나님 나라의 도래에 대한 예수님의 선포는 교외 지역 교회들의 수적 확장과 동일시되었다.

이 운동은 이름 그대로 교회를 성장시킨다는 확신을 중심으로 진행된다. 이 말에는 교회가 성장을 멈추었으나 지도자들은 무너뜨리고 단절시키는 성령의 역사에 저항했다는 현실이 내포되어 있다.

교회 연구의 동향은 다른 방향을 취했으나 여전히 교회가 다시금 효율적이 되도록 돕기 위해 교회 내부의 작동 방식을 진단하는 데 중점을 두었다. 또한 교회의 자기 이해와 건강을 증진시키기 위해서 교회에 사회 과학을 적용했다.[12] 교회의 소통 과정에 대한 사회-문화적이며 민족지학적 사례 연구들은 교회 생활의 내부 역동에 초점을 맞추었다. 이 목회적 본능은 사회 과학의 높아진 위상과 짝을 이루면서, 와해의 현실을 해결할 전도 유망하고 희망적인 방법으로 보이는 쪽으로 사람들을 이끌었다.

이 시기 동안 은사주의 운동이 탄력을 받아 부상하는 중산층 베이비붐 세대 교회들에서 인정을 받으면서 주류 교회 문화에 진입했다. 이는 성령의 음성을 들으려는 순수한 바람을 대변했지만, 이 열망은 대부분 체험의 문화와 자기 개발에 흡수되어 버렸으며, 단절시키시는 성령의 역사를 결코 진정으로 파악하지 못했다.

기업적 접근: 1980년대와 1990년대

1980년대 후반에서 1990년대에 이르기까지 여러 갈래의 사회 운동들이 서구 문화의 위기, 서구식 상상력의 와해, [1960년대의 뮤지컬 〈헤어〉(Hair)의 정신에 따르는] '새 시대'의 도래를 선포하고 있었다. 이 새 시대의 와중에서, 북미의 대부분 교회는 와해의 가속화를 경험했다. 교단들은 더 이상 단절을 부인할 수 없었다. 재정이 줄어들고 교인 수가 곤두박질치고, 다시 활력을 불어넣거나 구조 조정을 하거나 아니면 거창한 새 비전을 제시하려는 시도가 잇달아 실패로 돌아가자, 전국의 중위 수준 교단들은 그 상황에 적응하려고 분투했다. 기업적 교단은 갑작스러운 종말을 맞이했고, 프로그램과 인원을 재구성하거나 감축하는 노력 말고 무엇으로 그 자리를 대신할지 제대로 아는 사람은 아무도 없었다.

중앙 본부와 각 지부들이 중앙 집권적이고 전문가 주도적인 위계질서로 연결된 허브 앤 스포크 모델(hub-and-spoke model)식 교단 활동은 와해되고 있었다. 그러나 이렇게 단절시키는 성령의 역사에 대한 반응은 그 모델을 살짝 변경하려는 노력의 반복이었는데, 이는 종종 비즈니스와 전략 기획 영역에서 차용된 것이다. 많은 전문가들이 시장 주도형 구도자 중심 교회의 유효성에 대해 토론했다.

마침내 교회 성장 운동은 다른 모습으로 변했는데, 그것은 인기가 높아가는 건강 운동에서 차용한 메타포였다. 교회 건강 운동의 기본 개념은 교회의 건강 지수들을 찾는 것이었다. 교회 건강 운동의 대표 주자는 자연적 교회 성장 또는 NCD(Natural Church Development)였는데, 이 운동은 여덟 가지 영역에서 교회의 '건강'을 측정하는 설문 조사를 사용한다. 여덟 가지 영역은 사역자를 세우는 리더십(empowering leadership), 은사 중심적 사역(gift-oriented ministry), 열정적 영성(passionate spirituality), 기능적 조직(functional structures), 영감 있는 예배(inspiring worship), 전인적 소그룹(holistic small groups), 필요 중심의 전도(need-oriented evangelism), 사랑의 관계(loving relationships)다. NCD는 건강하고 활력 있고 성장하는 교회를 창출하려는 욕망을 중심으로 운영된다. 그러나 이러한 지수들에는 표출되지 않은 거대한 전제와 가치가 담겨 있는데, 결코 다루어지지 않는 것들이다. 무엇보다도 그 지수들은 건강의 특징들을 설명하기 위해서나 교회를 고칠 전략들을 찾기 위해서나 돌아갈 기준이 되는 교회의 기본 복원 모드를 반영한다. NCD는 제대로 진단하면 명확한 처방을 할 수 있다고 가정하는, 건강 중심으로 반응하는 일련의 긴 과정 가운데 하나다. 순서대로 약을 먹듯이, 이 일련의 기술들은 교회의 환부를 치료할 것이다.[13] 이는 무너뜨리시는 성령에 의해 예루살렘 바깥으로 내몰린 제자들이 성전을 거할 만하게 만들 방안에 주력하는 것과 같다.

1990년대에 사람들은 계속 돌고 도는 전략과 제안들에 대해 점차 신뢰를 잃었다. 논의는 더 이상 갱신이나 성장, 건강, 시장 중심 구도자 교회 모델이 아닌 탈교단적, 심지어 탈기독교적 해결책으로 바뀌었다. 다른 세대가 무대에 진입하고 있었다. 베이비붐 세대가 주도하는 문화 속에서 성장했지만, 이에 의구심을 품었던 이 세대의 리더들은 서서히 20세기의 기성 교회 생활에 의문을 제기하고, 분석하며, 심지어 해체하기 시작했다. 이 세대는 교회가 문화의 중심부에서 번영하는 것을 보며 자라지 않았다. 그들은 와해 이전의 시대가 낯설었다. '유배'의 언어는 그들에게 점점 더 이해하기 어려웠다. 1990년대에 교회들이 있던 자리가 그들이 아는 전부였다. 이 젊은 세대들은 새 밀레니엄에 맞는 교회를 재형성하기를 원했다.

이머징 교회와 하나님께 참여하기: 2000년에서 현재까지

이머징 교회는 새 천년에 하나의 교회론적 응답을 구성해 보려는 이러한 노력의 대표적 예다. 21세기 처음 몇 년 동안 아주 활발해 보였던 이 운동이 거의 사라져 버렸다는 사실은 이 교회들의 위기에 대한 해결책을 찾는 일이 얼마나 분주했는지를 보여 준다. 이머징 교회는 '새 유형의 기독교'를 구성하려고 모색하는 젊은 리더들의 광범위한 연대로, 더 이전의 기독교 형태들과 연결되어 있다고 주장하는 교회 생활의 새로운 형태와 실천들을 취했다. 느슨하게 짜인 네트워크로, 즉 어떤 이들은 독자적으로 어떤 이들은 유럽 종족 교회에 몸담은 채로, 이 운동은 예배와 구조에 대한 수많은 실험을 했다. 지도자들은 새로운 형태의 교회와 그 배후의 상상력을 구체적으로 표현하겠다는 희망으로 컨퍼런스와 소셜 미디어 대화를 개최했다. 베이비붐 세대들의 대형 교회 방식과 비교했을 때, 그들은 작고 친밀한 방향으로 나아갔다. 이는 인간 역사의 새로운 시기가 부상하고 있다는 1990년대의 희망에 의해 힘을 받은 (그리고 결국에는 지쳐 버린) 운동이었다.[14]

새로운 세계가 부상하고 있다는 개념에는 뭔가 특별한 것이 있다. 프랜시스 후쿠야마(Francis Fukuyama)가 1992년에 쓴 『역사의 종말』(*The End of History*)에서는, 현존하던 전지구적 차원의 정치 경제 구조들의 증언을 인간의 상상력과 형성에 일어날 대대적 변화의 서곡으로 제시했다.[15] 2000년대에 필리스 티클(Phyllis Tickle)과 브라이언 맥클라렌(Brian McLaren)과 같은 저술가들은 한 걸음 더 나아가 교회의 병폐와 와해를 인간 출현의 틀, 어떤 새로운 세계의 탄생이라는 틀에 집어넣었다. 이머징 교회 운동은 고대의 실천들과 소셜 미디어의 활용에 초점을 두고서 교회를 재상상하고 개혁하겠다는 용감무쌍한 시도였다. 한동안 젊은 지도자들은 이러한 시도를 통해 희망과 창의성을 분출해 냈다. 다른 운동들과 마찬가지로 신학, 기존의 정통 교리, 교회론, 공동체 형성에 대해 어려운 문제가 제기되었다. 그러나 이 운동은 북미의 일상생활과 기성 개신교 현실에 비해 내구성이 약한 것으로 드러났다.

새 천년의 또 다른 운동은 선교적 교회(missional church)였다. 이 운동은 1990년대에 '복음과 우리 문화 운동'(the Gospel and Our Culture Movement)이라는 이름으로 형성되었는데, 이 '선교적'이라는 용어가 금세기 초에 교회의 뜨거운 단어가 되었다. 『선교적 교회』(*Missional Church: A Vision for the Sending of the Church in North America*)의 출간과 더불어, 유럽 종족 교회들은 그들이 애초에 받았던 선교적 소명에 부합하도록 그들 자신을 재조정하라는 요청을 들었다. 레슬리 뉴비긴의 저술에 영향을 받아, 폭넓은 신학적 입장을 견지하는 지도자들이 선교적 대화에 참여했다. 문화 전쟁들이 절대적 진리, 윤리, 예배 형식 및 그리스도인의 실천 등의 쟁점을 놓고 교회들을 나누어 놓았던 것에 반해, 선교적 운동은 하나님의 선교를 위해 교회의 정체성을 재편하려는 공통의 열망을 중심으로 이 다양한 전망들을 함께 묶는 것처럼 보였다. (나는 다른 책들에서 이 문제에 대해 좀 길게

썼고 『선교적 교회』의 저자들 중 한 사람이므로, 이 대화에 개인적 이해 관계가 있음을 인정한다.)[16]

선교적 교회 운동의 의도는 교회들로 하여금, 선교가 하나의 요소나 프로그램이나 교회 위원회의 문제가 아니라 교회의 핵심 정체성임을 파악하도록 돕는 것이었다. 그러나 '선교적'이라는 단어가 지금은 교회와 교단이 하는 사실상 모든 것에 붙는 수식어가 되었다. 이 운동의 기본적으로 신학적이며 선교학적 동기들은 재빠르게 교회 중심 질문들로 방향을 바뀌어 버렸고, 이 운동은 창립자들의 최선의 의도들과는 달리 교회 갱신과 성장과 건강에 대한 일련의 전략 전술들로 광범위하게 전환되었다.

희망과 혁신을 보여 준 이 신선한 운동들이 교회를 수리하는 방향으로 얼마나 재빠르게 전환되었는지 주목해 보라. 이는 북미 대륙의 유럽 종족 교회들을 형성하는 강력한 교회 중심 복원 모드에 대한 증언이다. 새로운 시도들의 목록은 유동적 교회(Liquid Church), 끈끈한 교회(Sticky Church), 참신한 표현의 교회(Fresh Expressions Church), 어질러진 교회(Messy Church), 단순한 교회(Simple Church), 교회로 돌아가는 일요일(Back-to-Church Sunday) 등으로 확대될 수 있다. 그러나 이 모두는 다 교회가 문제의 중심이라는 확신에 매달린다.

특히 교회 개척이 주요 강조 사항으로 돌아왔다. 교단들은 수백 개의 새로운 교회를 개척하기 위해서 교회 개척 프로그램을 지도할 인력을 고용하고 있다. 교회 개척 운동의 훈련, 육성, 생산에 주력하는 연합체들이 속출하고 있다. 이러한 발전은 기존 교회들을 변화시켜야 한다는 양보할 수 없는 도전을 비껴 나가려는 시도인 경우가 너무나 많다. 새로운 교회들이 교단적 특징이나 기존 교회의 전력에 덜

얽매이면서, 좀더 기본적이고 풀뿌리적인 교회 스타일들을 통해 문화와 연결되기를 바란다. 아무도 말하지 않겠지만, 반세기 이상 기존 교회들을 수리하고 갱신하려는 시도 끝에, 우리는 성공하지 못해 허덕이고 있는 것이 분명해 보인다. 기존의 것을 고치기보다는 새로 시작하는 것이 더 쉽다. 기존의 것을 고치는 것은 하나님의 경륜에서는 잘못된 가정이다.

새 천년의 초두에 등장한 신수도원주의가 하나의 밝은 빛으로서 잠재력을 보여 준다. 공동생활 실천을 통해서 유지되는 하나님 백성의 공동체들을 중심으로, 이 운동은 소비주의적이며 자본주의적인 사회의 획득 및 축적과 단절했다. 새로운 수도자들은 환대, 낯선 자 환영, 검소한 삶, 지구 돌봄과 같은 기독교적 실천들에 다시 참여하려고 한다. 공동생활은 성무일도나 교회력을 중심으로 이루어지며, 공동생활 참여자들은 그 지역에 대해 점점 더 헌신하게 된다. 그들은 이웃 가운데서 교회로 살고 교회가 되기를 원하며, 자기들이 사는 지역에서 지역 사회와 함께 그리고 지역 사회를 위하여 공동생활을 일구고 증인이 되기를 원한다. 그들은 새로운 기독교 공동체를 세워 나갈 뿐 아니라 새로운 사회가 될 길을 찾아 나간다. 비록 수도 적고 과시할 것도 없이 살아가지만, 이 운동은 이번 장에 약술된 행동들이 부적절하다고 느끼는 그리스도인들에게 영향을 끼치고 있다.

조직 개편을 위한 방책이나 프로그램, 통계, 건강도 측정, 전략 등은 성령께서 이웃들 속으로 우리를 초대하시는 예수 운동에 가깝지 않다는 인식이 유럽 종족 교회들 사이에서 점증하고 있다. 신수도원주의는 '교구 집단 운동'(Parish Collective, 이웃과의 일상 속에서 교회를 되찾자는 교구 중심 운동이다—편집자주) 및 슬로 처치 운동과 같은 또 다른 편에서의 운동과 더불어, 50년 넘도록 교회를 고쳐 보려던 시도 끝에 상당수의 그리스도인들이 다른 길로 여행하라는 성령의 부르심을 듣고 있음을 보여 주는 지표들이다.[17]

우리가 해 온 일

이 장은 지난 50년 동안 이루어진 일들을 보여 주는 몇몇 스냅 사진과 측량치에 해당한다. 모든 것을 망라하지는 않았지만 "와해를 해결하기 위해서 우리가 무엇을 해왔는가"라는 질문에 대한 응답으로 이 이미지들을 제시했다. 지금까지 관찰한 것들을 다음과 같이 요약할 수 있을 것이다.

1. 1960년대까지 유럽 종족 교회들은 상당한 번영의 시기를 경험했으며, 스스로를 북미 사회의 중심으로 혹은 그 가까이에 있다고 보았다.
2. 1960년대 중반을 시작으로 그런 시기는 갑자기 멈추었다. 와해가 시작되었고, 그로 인해 점점 더 불안이 고조되었다. 교회들은 지난 50년 이상을 교회의 성장과 건강과 갱신을 위해 진력해 왔다. 모두가 사회의 중심부에서 규범적 위치를 회복하기 위한 노력이었다.
3. 무너뜨리고 단절시키는 하나님의 성령은 계속해서 이 교회들에게 다른 여정으로 나서라고 요청하신다. 50년 넘게 진행된 와해의 기간이 지난 후에야 비로소 사람들은 새로운 방식으로 성령의 음성을 들을 준비가 되었을 것이다.

3장

잘못된 방향을 가리키는 네 가지 내러티브
"왜 우리가 그렇게 했지?"

> 틸리히 씨, 당신도 알다시피 나에게 기독교란 교회를 떠나서는 도무지 아무런 의미가 없어요. 하지만 때로는 실제 존재하는 교회는 내 모든 의심과 어려움의 원천이라고 느낄 때가 종종 있습니다.
>
> J. H. 올덤(Oldham, 1959)[1]

> 제도적으로나 이데올로기적으로나, 물질적으로나 도덕적으로나, 우리가 지금 있는 이 자리에 도달할 필요가 없었다. 그렇게 결정 내릴 필요가 없는 결정들이 인간에 의해 내려졌다. 그 가운데 어떤 결정들은 심대한 영향을 주는 것으로 드러났다. 유형들이 세워졌고, 열망들은 정당화되었고, 기대들은 당연한 것이 되었고, 욕망들은 영향을 받았으며, 새로운 행태들은 정상이 되었다. 이것들은 고수할 필요가 없는 것들이며…역사적 필연이 아니었다. 다른 것들이 아닌 어떤 욕망들, 가치들, 결정들, 행태들이 제도화되고 강화된 것으로 볼 수 있다.
>
> 브래드 그레고리(Brad S. Gregory)[2]

앞 장에서 묘사한 와해를 해결하려는 시도들은 교회와 교단이 하나님의 일꾼으로서 번창하기를 바라는 순수한 욕망에서 나온 것이다. 그렇지만 그 시도들 중에는 이러한 선한 취지와 간절한 기도를 잘못된 방향으로 이끄는 특징들이 깔려 있다. 이 장은 그러한 특징과 확신을 다룬다.

1960년대에 이 교회들이 기나긴 와해의 과정에 들어섰을 때, 토머스 쿤(Thomas Kuhn)은 책을 한 권 저술했다. 그 책은 서구 사회를 강타했던 대대적 사회 전환을 이해할 수 있는 언어를 하나 제공해 주었다. 그중 하나가 '패러다임'이라는 단어다.[3] 패러다임은 컴퓨터 안에서 웅웅거리는 운영 체계처럼 어떤 집단이나 사회로서의 우리 안에 깊이 내재된 신념 체계다. 패러다임은 우리의 행동 방식을 결정해 주며, 공동체로서의 우리 속에 아주 깊이 박혀 있어서, 우리는 우리가 세계를 구성하는 방식이 그저 옳다고 가정하게 된다.

'내러티브'라는 단어도 똑같은 함의를 갖고 있다. 내러티브란 우리를 하나의 집단으로 묶어 주며, 우리가 세계를 어떻게 이해하고 설명하는지 결정해 주는 이야기를 의미한다. 내가 찾은 또 하나 유용한 단어는 '기본 복원 모드'(default)다. 이미 확립되어 있는 기존의 패턴이나 습관으로 자동적으로 복귀할 때 우리는 기본 상태로 복원하는 셈이다. 한 달 전, 아내 제인은 부엌을 다시 정리 정돈했다. 주전자와 프라이팬에 새 자리가 부여되었다. 그런데도 나는 여전히 원래 있던 자리를 뒤지다 주전자와 프라이팬이 거기에 없어 짜증이 났다. 기본 복원 모드는 우리의 행동을 방향짓는다. 우리로 하여금 이미 확립된 이야기 안에서 자동적으로 살도록 하기 때문이다. 와해에 대한 반응들에 영향을 미친 내러티브 혹은 패러다임에 대해 2장에 약술된 시도들이 말해 주는 것은 무엇인가? 특히 나는 교회들의 행동을 방향짓는 네 가지 내러티브에 주목한다.

1. 기능적 합리주의("우리에겐 과학 기술이 있으니 문제를 해결할 수 있어")
2. 관리와 통제("제대로만 관리하면 성공은 보장되는 거야")

3. 교회 중심주의("교회를 바로잡으면 모든 게 잘 돌아갈 거야")
   4. 성직자 중심주의("우리는 안수를 받았으니 답을 줘야 해")

이 장에서는, 우리를 상실의 내러티브에서 풍요의 내러티브로 옮겨 줄 선택지를 이해하기 위한 과정에서 이러한 잘못된 내러티브들을 하나씩 다룰 것이다.

기능적 합리주의: "우리에겐 과학 기술이 있으니 문제를 해결할 수 있어"

'기능적 합리주의'란 우리가 어떤 문제에 직면하든지 그 문제를 고칠 과학 기술을 설계할 수 있다는 말을 거창하게 표현한 것뿐이다. 이는 지난 50년 동안 서구인의 삶에서 중심을 차지해 왔다. 예전에 아이들과 함께 텔레비전으로 〈6백만 불의 사나이〉를 시청하던 기억이 난다. 주인공 스티브 오스틴은 작은 유인 로켓을 타고 지구 대기권 경계까지 날아올라 가는 시험 비행 조종사였다. 뭔가 끔찍한 오류로 그가 탄 로켓이 지구로 곤두박질치면서 사막에 떨어지게 되었다. 오스틴은 온전히 회복될 수 없을 지경으로 상처를 입었다. 이렇게 가망 없어 보이는 상황도 절망적이지는 않았다. 매회 시작할 때 주문처럼 오는 다음과 같은 말 때문이다. "우리에게는 과학 기술이 있으니 뭐든 할 수 있지!" 사실 오스틴은 그저 고침 받은 것이 아니었다. 생체 공학 기술 덕택에 더 빨리 달리고, 더 높이 뛰고, 더 멀리 보며, 다른 어떤 사람보다 더 훌륭하게 생각할 수 있게 되었다.

이는 그냥 고치기만 하는 과학 기술이 아니라 변혁의 열쇠가 되는 과학 기술이었다. 〈6백만 불의 사나이〉는 우리 시대에 가장 깊이,

가장 확고하게 자리 잡고 있는 내러티브들 중 하나를 그대로 보여 준다. 적정한 계산과 분석, 측정, 조직, 계획, 과학 기술이 있다면, 우리는 모든 상황에서 문제를 파악하고 해결책을 마련할 수 있다는 것이다.

밝혀 두자면, 나는 절대 과학 기술 반대론자가 아니다. 과학 기술은 엄청난 선물이다. 특히 도구적 합리성은 인간의 삶에 해방을 갖다주었으며 의료나 통신 같은 분야를 진일보시켰다. 내 주장은 유럽 종족 교회들이 거대한 와해에 반응함에 있어 어떤 기본 복원 모드가 작용해 왔으며, 분해하고 조작해서 원하는 결과들을 만들어 내는 기술을 계산하고 개발하는 우리의 자기 결정 능력이 그러한 기본 복원 모드와 불가분의 관계라는 것이다.

이러한 과학 기술을 갖추고 있다면, 어느 누가 하나님을 필요로 하겠는가? 그 대신, 기술과 방법이 올바르면 하나님 나라로 인도하는 게 가능하다는 확신이 교회들 사이에 지배적이다. 이 신념 체계는 교회의 건강도를 판정해 주는 모든 설문 조사와, 조직 재편성을 위한 모든 전략과, 교회를 성장시켜 준다는 모든 기술의 배후에서 작동하고 있다. 하나님이 진짜로 현실을 바꾸실 수 있는가? 우리는 그다지 확신하지 못하는 것처럼 보인다. 그래서 우리는 대비책으로 더 많은 연구와 현황판, 그리고 교회를 갱신하고 성장시키고 건강을 회복시키기 위한 필사적 기획안을 마련한다.

다시 말하지만, 내가 무슨 신기술 반대자와 같은, 혹은 과학 기술이나 합리주의라는 선물을 배격하는 것과 같은 소리를 하는 게 아니다. 그러나 유럽 종족 그리스도인인 우리 앞에 놓인 도전들에 대처할 수단으로 이런 기술들이 일반화될 때, 이 합리성은 몸에 서식하는 기생충처럼 우리의 행동을 결정하며, 유럽 종족 교회들이 직면한 현실을 어떻게 읽어 내야 하는지를 통제하고, 우리의 기준에 맞도록 성경의 내러티브들을 재구성한다. 철학자 마셜 매클루언(Marshall McLuhan)은 "처음에는 우리가 도구를 만들지만 그다음에는 도구가 우리를 만든다"는 말로 유명하다. 이 말이 이 상황에 딱 맞다. 도구적 합리성은 우리 교회와 지도자들의 실천을 아주 깊숙이 형성하고 있어서, 우리가 복음과 기독교 전통을 읽고 해석하며 이를 근거로 행동하는 방식을 결정한다. 근본적으로, 도구적 합리성은 하나님의 일하심이 아닌 다른 해결책을 만들어 낼 능력을 우리에게 제공한다. 우리에게 통제력을 주는 것이다.

이러한 경우에 우리의 반응은 너무나 이해할 만하다. 소중한 무언가가 무너져 내릴 때 우리의 기본 복원 모드는 그것을 고치려고 시도한다. 누가 그렇게 하지 않겠는가? 나의 손녀 매디의 담요 블랭키 이야기를 떠올려 보라. 그 담요가 어떻게 해어졌으며, 매디의 엄마와 할머니가 그 담요를 수선하려고 얼마나 끊임없이 시도했는지를 말이다. 바로 이것이 지난 50년 이상 우리가 교회들을 놓고서 해 왔던 일이다. 그러나 그 노력들은 성공하지 못할 것이다. 이유가 무엇인가? 수선이란, 약간의 조정만 필요할 뿐이라는 가정에 근거해 있기 때문이다. (조정에는 더 나은 프로그램이나 예배 의식의 개선, 더 진실한 보살핌, 공동체의 필요를 진짜로 아는 일 등이 있다.) 고치는 것은 새로운 상상력이 아니라, 우리가 이미 하고 있는 일을 더 잘하는 것뿐이다. 이는 성령께서 우리를 초청하시는 여정이 아니다.

통제와 관리: "제대로만 관리하면 성공은 보장되는 거야"

앞 장에서 살펴본 반응들 중에 작동하는 또 하나의 확신은, 관리 절차를 통해서 통제와 예상을 할 수 있다는 확신이다. 고친다는 말은 지도자가 의제를 통제하고 결과를 관리할 수 있다는 것을 전제한다. 통제와 관리라는 이 문제는 전혀 새로운 게 아니다. 하나님과 이스라엘 백성의 관계를 전하는 성경 이야기들에 지속적으로 등장하는 문제다.

출애굽기 3장에 나오는 불붙은 가시덤불에서 모세가 하나님을 만난 장면은 다른 어느 단락 못지않게 이 긴장을 잘 보여 준다. 하나님이 우리의 옛 족장에게 자신을 알리실 때, 모세는 자기 장인의 양 몇 마리를 찾아 광야를 헤매고 있었다.

> 이에 모세가 이르되 "내가 돌이켜 가서 이 큰 광경을 보리라 떨기나무가 어찌하여 타지 아니하는고" 하니 그때에 여호와께서 그가 보려고 돌이켜 오는 것을 보신지라. 하나님이 떨기나무 가운데서 그를 불러 이르시되 "모세야 모세야" 하시매 그가 이르되 "내가 여기 있나이다." 하나님이 이르시되 "이리로 가까이 오지 말라 네가 선 곳은 거룩한 땅이니 네 발에서 신을 벗으라." 또 이르시되 "나는 네 조상의 하나님이니 아브라함의 하나님, 이삭의 하나님, 야곱의 하나님이니라." 모세가 하나님 뵈옵기를 두려워하여 얼굴을 가리매
>
> 여호와께서 이르시되 "내가 애굽에 있는 내 백성의 고통을 분명히 보고 그들이 그들의 감독자로 말미암아 부르짖음을 듣고 그 근심을 알고 내가 내려가서 그들을 애굽인의 손에서 건져내고 그들을 그 땅

에서 인도하여 아름답고 광대한 땅, 젖과 꿀이 흐르는 땅 곧 가나안 족속, 헷 족속, 아모리 족속, 브리스 족속, 히위 족속, 여부스 족속의 지방에 데려가려 하노라. 이제 가라, 이스라엘 자손의 부르짖음이 내게 달하고 애굽 사람이 그들을 괴롭히는 학대도 내가 보았으니 이제 내가 너를 바로에게 보내어 너에게 내 백성 이스라엘 자손을 애굽에서 인도하여 내게 하리라." 모세가 하나님께 아뢰되 "내가 누구이기에 바로에게 가며 이스라엘 자손을 애굽에서 인도하여 내리이까." 하나님이 이르시되 "내가 반드시 너와 함께 있으리라. 네가 그 백성을 애굽에서 인도하여 낸 후에 너희가 이 산에서 하나님을 섬기리니 이것이 내가 너를 보낸 증거니라."

모세가 하나님께 아뢰되 "내가 이스라엘 자손에게 가서 이르기를 너희의 조상의 하나님이 나를 너희에게 보내셨다 하면 그들이 내게 묻기를 그의 이름이 무엇이냐 하리니 내가 무엇이라고 그들에게 말하리이까?" 하나님이 모세에게 이르시되 "나는 스스로 있는 자니라." 또 이르시되 "너는 이스라엘 자손에게 이같이 이르기를 스스로 있는 자가 나를 너희에게 보내셨다 하라." 하나님이 또 모세에게 이르시되 "너는 이스라엘 자손에게 이같이 이르기를 너희 조상의 하나님 여호와 곧 아브라함의 하나님, 이삭의 하나님, 야곱의 하나님께서 나를 너희에게 보내셨다 하라."

이는 나의 영원한 이름이요 대대로 기억할 나의 칭호니라. (출 3:3-15)

모세의 상상력을 장악하고 있는 권력과 통제의 쟁점을 인칭 대명사들이 어떻게 드러내는지 주목하라. 3절에서 모세는 이렇게 말한다. "내가 돌이켜 가서 이 큰 광경을 보리라." 하나님이 떨기나무에서 모세를 부르시자, 다시 그가 이렇게 대답한다. "내가 여기 있나이다." 대화는 계속 '나'라는 인칭 대명사를 중심으로 돌아간다. 저자가 마치 이스라엘의 장래에 대한 이야기를 '누가 통제하고 있느냐?'라는 질문을 중심으로 짜고 있는 것처럼 보인다. 다시 말해, 누가 결과와 방향을 '관리하고' 있느냐다. 모세는 자신을, 어떤 움직임을 만들어 내기로 주 행위자로 본다(모세가 이집트에서 이스라엘 백성을 때린 어느 이집트 사람을 쳐죽일 때 그랬던 것처럼).

그런 다음 출애굽기 저자는 어조를 바꾸고, 하나님의 음성이 주가 된다. 하나님이 한계선을 정하시고 모세에게 더 가까이 오지 말라 하시며 일련의 인칭 대명사들로 자신의 정체와 의도를 선포하신다. 그 인칭 대명사들은 모세의 주장이 그릇된 것임을 밝힌다. "나는 네 조상의 하나님이니 아브라함의 하나님, 이삭의 하나님, 야곱의 하나님이니라." "내가 애굽에 있는 내 백성의 고통을 분명히 보고…" "[내가] 그들이 그들의 감독자로 말미암아 부르짖음을 듣고 그 근심을 알고…" "내가 내려가서…" "내가 너를…보내어…" 여기서 강조점은 그저 하나님이 행동하시겠다는 결정을 알리는 게 아니다. 누가 주 행위자인가의 문제를 다루는 것이다.

모세는 자신에 대해 예상할 수 있는 질문으로 대화의 방향을 바꾼다. "내가 누구이기에 바로에게 가리이까?" 그 질문에 하나님은 "내가 반드시 너와 함께 있으리라"고 대답하신다. 몇 차례 협상 뒤에, 모세는 최종 요청을 한다. "[만일] 내가 이스라엘 자손에게 가서 이르기를 '너희의 조상의 하나님이 나를 너희에게 보내셨다' 하면, 그들이 내게 묻기를 '그의 이름이 무엇이냐' 하리니 내가 무엇이라고 그들에게 말하리이까?" 이 질문은 말처럼 그리 단순하지 않다. 모세가 하나님의 이름을 물은 것은 하나님의 이름이 갖고 있는 권능을 요청한 것이다. 모세는 이집트에 가서 그 권능을 휘두를 수 있기를 바란 것이다. 모세는 하나님을 좌지우지하지 않는다면, 그런 모험을 감행하려 하지 않았던 것이다.

하나님이 이렇게 대답하신다. "나는 스스로 있는 자이니라.…너는 이스라엘 자손에게 이르기를 스스로 있는 자가 나를 너희에게 보내셨다 하라." 이 진술과 그 의미에 대해 설하고자 잉크가 바다만큼 사용되었다. 여기에서 요점은 모세에게는 그 의미가 너무나 명확하다는 것이다. "모세야, 너는 내 이름을 쥐고 흔들 수 없다. 너는 결과를 관리하고 통제할 수 있는 자나 '스스로 있는 자'로는 이 여정에 나설 수 없다!"

밀고 당기는 이 싸움은 와해에 대한 교회의 반응이 어떤 특성을 띠는지 상당 부분 보여 준다. 우리는 하나님을 신뢰한다고 말하지만, 고백보다 행동이 더 큰소리로 말한다. 도움을 구하는 기도가 아니라면, 실제로 하나님은 고려할 요소가 되지 못하는 경우가 흔하다. 한 교회 성장 컨퍼런스에서 어느 목회자가 간명하게 표현했듯이, "이 프로그램에 무슨 문제가 있나요? 이 프로그램은 먹힙니다!" 다른 많은 지도자들과 마찬가지로, 이 지도자도 우리가 선호하는 미래를 규정하고 그 미래를 실현할 행동을 개발할 수 있다고 믿는다. 파커 파머(Parker Palmer)는 그러한 식민지화를 이렇게 기술한다.

우리는 고등 교육을 받은 이들로서, 학교 교육을 통해 세계를 분석과 조작의 대상으로 다루는 앎의 방식과 세계에 대한 지배력을 부여하는 앎의 방식을 배웠다.…나는 권력욕을 만족시킬 목적으로 세계를 재구성하는 데 내 지식을 사용하면서, 생명을 선물로 여기며 사랑하기보다는 왜곡하고 교란해 왔다.…여러 해 동안 나는 사고 행위를 문제가 해결될 때까지 말들을 이리저리 움직이는 일종의 보드 게임으로 여기면서, 우리에게 '승리'를 안겨 줄 방식으로 말들을 배치했다.⁴

우리의 세계는 계산과 통제와 예측 가능성의 세계다. 세계 내 하나님의 행위에 대한 확신은 하나님의 일하심에 대한 인식이라고는 전혀 없는 활동들로 대체되었다.

다시 말하지만, 이것이 훌륭한 경영 관리에 대한 비판이 아님을 확언한다. 조직은 잘 관리할 필요가 있다. 문제는 관리 기법과 기술이 교회의 와해에 대하여 기본 복원식 해결책이 될 때 일어난다. 우리는 단절하라는 성령의 초대를 들을 능력을 상실했다. 자기가 부름 받은 교회에 대해 묘사하면서 한 학생이 내게 말했듯이 말이다.

제일 교회의 출석율과 교인 수는 현재 건물이 지어진 1970년대 어간에 최정상에 올랐습니다. 그 뒤로는 서서히 줄어들었습니다. 근년에 교회는 교회 정책을 바꾸고, 예배 형식을 수정하고, 직원을 보강하고, 성장 모델을 탐구하고, 다른 많은 프로그램의 변화를 꾀함으로써 쇠퇴를 뒤집어 보려고 했습니다. 리더들은 다른 곳에서 효과를 볼 것 같은 접근법들을 복사해서 전기를 마련하려고 했지만, 교인들은 점점 더 교회 상태에 대해 염려하게 되었습니다. 새로운 소그룹과 개편된 가정 사역과 현대적 예배 음악을 통해서 '완전히 헌신된 그리스도의 제자들'을 만들기 위해 '목적이 이끄는' 노력들이 시도되었습니다. 어떤 프로그램은 새로운 사람들을 끌어들이는 데 도움이 되는 것 같았지만, 대체로 쇠퇴하는 흐름이 지속되었습니다. 마침내 프로그램들을 쳐내고 교회의 초점을 바깥으로 돌림으로써 제일 교회를 '단순한 교회'(simple church)로 만들려는 노력이 이뤄졌습니다.

훌륭한 사업들이 그렇듯, 교회들은 대상 청중을 상정하고, 그들의 유형을 파악하고, 세대별로 맞는 예배 의식을 실시하고, 시장 중심 광고를 설계하여 '고객'을 확보한다. 교제들이 성경적 틀에서 시작할 수도 있지만, 곧 핵심적 특성 열 가지와 그것들을 성취할 수 있는 방법으로 되돌아간다.

이러한 기본 복원 모드의 근본적 결함은 지금 우리가 아무것도 예측할 수 없는 세계에 살고 있다는 점이다. 최근 나는 교회의 활력을 높이기 위한 교단 프로그램에 접속할 수 있는 웹사이트 주소를 받았다. 그 웹사이트는 활력 있는 교회를 보여 주는 핵심 지표들이 포함된 일련의 교재를 제공했다. 선교적 교회를 보여 주는 지표 목록도 있었다. 나는 의아해하지 않을 수 없었다. "그런 지표와 프로그램과 전문가가 있으면 우리가 다시 살아날 수 있다고 믿는 것인가?" 지금 우리는 그처럼 쉽게 관리하고 통제할 수 있는 세상에 살고 있지 않다. 일요일 아침 예배당 의자에 앉아 있거나 비전 수립의 밤에 참석한 사실상 모든 사람이 알고 있다. 훌륭한 관리 기술로 우리의 미래를 통제할 수 있는 그런 세상은 사라졌음을. 오늘날의 핵심어는 유연성과 적응력이다. 어째서 리더들은 한계가 뻔하다고 알려진 것에 아직도 그리 큰 믿음을 두는 것일까?

관리는 우리가 생각하는 것처럼 그렇게 간단하거나 중립적이거나 자연스러운 말이 아니다. 그 말에는 통제에 대한 전제들이 깔려 있다. 근대의 내러티브에서는 '행위'(agency)라는 말이 '권력'(power)과 동일시되며, 대체로 권력은 사물이나 집단이나 개인들을 일련의 정해진 결과로 이끌도록 통제하고 조종할 수 있는 능력을 의미한다. 결국 이것이 사명 혹은 비전 선언문 같은 것에 대한 요청에 내재된 희망이다. 애덤 셀리그먼(Adam Seligman)은 그것을 이런 식으로 표현한다. "행위를 권력 그 자체로 사용하는 데에는 개인을 자율적 행위자로…설명하려는 인간의 본성과 행위에 대한 어떤 모델이 전제되어 있다."[5]

원하는 결과를 계획하고 관리하거나 명확한 전략을 세워 일을 완수하려는 군사 지도자를 그려 보라. 혹은 그 유명한 판옵티콘(Panopticon, 원형 교도소)을 상상해 보라. 18세기에, 영국의 사회 사상가 제러미 벤담(Jeremy Bentham)은 단 한 사람의 관찰자가 모든 사람의 움직임을 감시하고 통제할 수 있는 이 건물을 설계했는데, 정작 그들은 자신이 감시당하는지도 모른다. 판옵티콘은 관리와 통제를 통해서 권력을 행사하려는 충동의 전형을 보여 준다.[6]

계획하고 전략을 짜고 자료를 수집하고 관리하는 이 모든 것은, 이 세계를 누가 책임지고 있다고 우리가 생각하는지에 대해 진실을 말해 준다. 하나님의 행위는 부차적이다. 우리의 관리 노력을 지원해 주는 배후 자원으로 기능할 뿐이다.

교회 중심주의: "교회를 바로잡으면 모든 게 잘 돌아갈 거야"

서구 개신교 교회들은 근본적으로 교회 중심적이다. 그래서 교회는 해결해야 할 핵심 문제는 바로 교회라는 확신으로 교회를 고치는 일에 집중한다.

'선교적'(missional)이라는 단어가 우리가 사용하는 어휘 가운데 들어온 지 20년 정도가 지났다. 이는 원래 우리에게 그리스도인의 삶과 공동체를 움직이는 일차 구동력인 하나님의 선교로 되돌아가라고 가리키려는 노력이었다. 시간이 지나면서, 선교적이라는 말은 교회론(혹은 교회에 대한 연구와 신학)과 완벽하게 동일시되었다. 그리하여 교회를 다시 작동시키려는 온갖 종류의 제안들을 수식하는 형용사가 되었다. 교회 중심주의 경향을 뒤집는 것이 바람이었지만, 유럽 종족 교회들 안에는 교회 중심주의의 충동이 너무나 강하게 구축되어 있어 그들로서는 저항할 수 없었다.

이 교회 중심주의와 결합되자, 하나님의 행위 그리고 서구 사회와 복음의 관계 같은 질문을 중심으로 한 견고한 신학적 대화가 줄어들었다. 교회를 '현실 적합하게' 만들려는 전략들의 얄팍하고 성찰 없는 몽타주들이 그러한 대화를 대체해 버렸다. 이러한 교회 중심주의의 기형적 모습이 제대로 다루어지기 전까지, 우리는 교회를 고치고, 개혁하고, 갱신하고, 재구성하기 위해서 계획과 전략 짜는 일을 계속할 것이다. 바로 그런 움직임 자체가 근본적 문제의 증상임을 깨닫지 못하고서 말이다.

지난 50년간 교회가 취한 행동이 교회를 고치고 교회의 본질과 정체성을 바로잡는 일에 집중되었으리라 예상할 만하다.[7] 특히 유럽의 종교개혁 이후에, 교회는 문화의 중심부를 차지했으며, 당시 등장하던 민족 국가들의 정체성 및 서구 사회를 변화시킨 지적 혁명들을 형성했다. 그 결과, 기독교의 상상력은 자기 내부에 몰두했으며, 가장 위대한 지성들은 교회의 본질과 정체성을 놓고 씨름했다. 지도자들은 계속해서 우리의 시선을 내부로 돌리게 했으며, 자동적으로 모든 것을 교회 중심적 시각에서 바라보게 했다.

이 현상은 그리스도인들이 교회를 주로 말씀이 바르게 선포되고, 성례가 올바르게 집행되고, 치리가 제대로 행사되는 건물이나 장소로 정의할 때마다 악화되었다. 이 정의는 그리스도인의 정체성 전부를 교회 중심의 틀 안에 효과적으로 자리매김해 버렸다. 하나님은 대체로 어떤 '거룩한' 일이 발생하는 건물이나 장소라는 공간 현실 안에 계시는 행위자시다. 그리고 하나님의 일을 수행하도록 구별된 안수 받은 남녀가 하나님을 대변한다.

이 기본 복원 모드식 상상력은 여전히 지배적이다. 설사 그 상상력이 교회를 사회적·경제적·지적·정치적 사회 구조의 중심으로 여기는 관점에 의존할지도 말이다. 이러한 현실은 더 이상 존재하지 않지만(그래서 '기독교 사회의 종말'을 논하는 대화가 등장한다), 우리는 해결해야 할 중심 문제는 교회 문제라는 의식을 여전히 지니고 있다. 그 결과, 대대적인 단절과 완전히 새로운 도전과 질문들이 밀려드는 와중에도, 여전히 우리의 에너지 대부분은 교회를 작동시키는 문제에 집중된다.

교회를 고치는 게 문제라고 믿는 한, 우리는 와해의 문제를 결코 이해하거나 제대로 다루지 못할 것이다. 우리는 선교학자 레슬리 뉴비긴의 도전을 따라서, 파괴적인 사회적 내러티브와 미친 듯 날뛰는 전지구적 도시 자본주의의 손아귀에 사로잡힌 점점 늘어나는 사람들의 부르짖음을 해결함에 있어 하나님께 참여하는 길을 분별해야 한다. 뉴비긴이 서구 사회에서 그리스도인의 삶이 처한 도전을 다음과 같은 질문으로 규명한 지도 25년이 넘었다. 소위 '근대 서구 문화'라는 인식과 사고와 삶의 전반적 체계와 복음이 선교적 차원에서 마주친다면, 과연 어떻게 될 것인가?[8] 이미 서론에서 이 물음을 살펴보았는데, 이번에는 다른 점에 주목하고자 한다. 뉴비긴이 이 질문을 어떤 말로 표현했는지 보라. 일차적으로 교회에 대한 것이 아니었다. 그는 우리에게 어떤 종류의 교회가 필요한지를 최우선으로 묻지 않았다. 교회에 어떤 프로그램이나 방법이나 스타일이 필요한지를 묻지 않았다. 이는 그가 교회에 관심이 없기 때문이 아니었다. 죽기 직전까지도 그는 지역 교회들의 삶에 활발하게 참여했다. 뉴비긴이 볼 때, 참여의 핵심은 복음(그리고, 그렇기 때문에, 하나님이 세계 속에서 벌이시려는 일)과 서구 문화 사이의 상호 관계다. 교회 문제들은 부차적이었다. 뉴비긴의 초점은 하나님의 행위에 있었으며, 따라서 복음과 서구 문화 사이의 관계에 있었다.

뉴비긴과 마찬가지로, 나 역시 결코 믿음과 예배 공동체의 필요성을 부인하지 않는다. 우리가 다른 종류의 질문을 던질 필요가 있다는 것이 나의 단순한 확신이다. 그리스도인의 삶에 나타난 기형적 모습은 교회에 대한 질문을 계속 던진다고 해결될 수 있는 게 아니다.[9]

성직자 중심주의: "우리는 안수를 받았으니 답을 줘야 해"

2장에서 묘사한 실제로 모든 시도들의 특성 가운데 네 번째 요소는 그 모두를 아우르는 성직자 중심주의다. 만일 교회가 기독교 관심사의 중심이라면, 안수 받은 자 곧 성직자가 교회 '안에서' 진행되는 모든 일의 일차 행위자다. 성직자의 일이 세상에서 하나님의 선교를 감당하도록 사람들을 준비시키고 보내는 것이라고 선언하는 것은 아주 지당하며 훌륭한 일이다. 그러나 실제로는 대부분의 성직자들이 완전히 다른 내러티브, 곧 교회 중심주의라는 내러티브의 대변자이자 구현자다.

갱신에 대한 책, 새로운 종류의 교회에 대한 제안, 교회 성장이나 건강한 교회를 위한 프로그램, 교회 생활에 대한 사회 과학적 연구, 구조 조정과 조직 재편 등은 대부분 안수 받은 전문가 계급에서 나왔다. 그들의 지향은 말 그대로 교회 생활의 테두리 안에 제한되어 있다. 이는 와해를 해결하겠다는 제안들이 상당 부분 앞서 논의한 교회 중심주의 속에서 형성된 이들에게서 나왔다는 뜻이다.

그러므로 상호작용하는 두 가지 역학이 이 교회들이 자신들의 병증을 이해하고 다루는 방식을 결정한다. 첫째, 교회 중심주의의 뼈대 안에는 특권화된 전문가와 전문적 견해를 따르려는 기본 복원 모드가 존재한다. 성직자들이 바로 교회와 하나님에 관한 문제들을 다루도록 훈련받은 사람들이다. 그들은 전문 학위를 소지했으므로 전문가이며 무슨 일을 해야 하는지를 (다른 사람들보다 더 잘) 알아야 한다. 그 기능적 결과는 교회의 와해를 다루는 1960년대 이후의 교회의 와해를 다루는 시도들에서 드러난다. 그런 교회는 성직자가 이끄는 교회다.

둘째, 이는 하나님의 보통 사람들이 자기는 하나님이 와해의 한복판에서 무슨 일을 하시는지 분별할 능력도 없고 그런 훈련도 받지 않았다고 생각하도록 사회화되어 있음을 의미한다. 교회에 절실히 필요한 시각을 지닌 보통 사람들이 오히려 교회가 직면한 문제를 제대로 다룰 만큼 충분히 교회 울타리 너머를 보지 못하기 십상인 성직자들에게 책임을 넘기다니 아이러니다! 기성 교회는 물론 새로운 이머징 형태의 교회들 중 일부에서도 성직자들은 교회 중심주의의 지배 아래 있다. 문제 제기가 교회를 고치는 일에만 머물고, 성직자들을 고치는 작업의 주결정권자로 보는 한, 바뀔 것은 거의 없다.

성직자들은 교회에서 훈련받고 안수받고 고용되고 급여를 받는다. 그래서 그들은 자연스럽게 와해를 다룰 책임이 자신들에게 있다고 본다. 그들은 자신들에게 답이 있어야 한다는 신념과 외부의 기대에 이끌린다. 신부, 수녀, 사제, 목사라는 이들의 직함에 그러한 암시가 담겨 있다. 그들은 사람들이 공동체 및 하나님과 맺는 근본적 상호 작용을 형성하고, 하나님의 백성들을 병들게 하는 것을 치유할 권위를 갖고 있다. 내 경험상, 성직자들은 대부분 어떻게 해야 하는지 모른다는 것을 스스로 알면서도 고쳐야 한다는 부담을 느낀다. 세례 받은 자들이 인도를 구하러 점점 더 성직자에게 기본 복원 모드로 돌아가서는 도움이 되지 않는다. 성직자 중심주의가 우리 모두에게 깊이 박혀 있는 기본 복원 모드다.

교단과 교회들이 계속해서 중심에서 이탈하고 단절되면서 성직자들은 점점 더 혼란과 불안에 빠져든다. 한 성직자가 내게 그 도전과 기회를 다음과 같이 설명했다. "우리는 마치 우리가 통제하고 있으며 이 모든 파괴적 변화에서 탈출로를 확보할 수 있는 것처럼 처신하고 있습니다. 우리가 통제할 수도 결과를 만들어 낼 수도 없는 시공간에서 어떻게 우리가 스스로를 하나님의 백성으로 상상할 수 있을까요? 이러한 현실에서 살아가려면 어떤 시스템이 필요할까요?"

수년간의 신학 훈련과 '영적' 지도자라는 가정에도 불구하고, 과거 50년간 성직자 중심의 주도적 역할은 대체로 근대성이라는 지배적 내러티브 안에서 형성되었다. 말하자면, 올바른 자료와 전략이 있고 알맞은 구조 조정이나 비전이 수립되고 적임자를 자리에 앉히면, 그들은 교회를 병증에서 건져 내어 새로운 미래로 나아가도록 운영할 수 있다고 가정한다. 지금 우리는 이러한 지도가 더 이상 지형에 맞지 않는 땅에 서 있다.[10] 북미에서는 50세 이하가 다수인데, 이들은 유럽 개신교 이야기 이후의 삶만 살았다. 비록 아직 유럽 종족 교회에 남아 있는 젊은 세대라 할지라도 지배적 교회 내러티브와 점점 더 연결되지 못한다. 그렇지만 신학교들은 거의 예외 없이 기존 방식대로 기독교 이야기와 관계 맺고 있는 집단을 위한 삶과 에토스를 지도하도록 성직자들을 계속 훈련한다. 이러한 패턴을 중단하지 않는다면, 교회 지도자들은 아마도 계속해서 이 거대한 와해에 대해 교회 중심적이고 성직자 중심적인 해결책들을 제안할 것이다. 그게 본질적으로 그들이 알고 있는 유일한 세계이기 때문이다.

교회를 위한 옹호

내가 이러한 제안을 할 때마다, "그렇다면 교회를 위한 자리는 전혀 없는 것처럼 들립니다"라거나 "그래서 당신은 교회가 별로 중요하지 않다고 생각하는 거군요"라는 반응이 돌아온다. 하나님께서 지금 교회 안에서 활발히 일하신다고 나는 확신한다. 하나님은 우리를 부르셔서 예배하고 배우고 지원하고 분별하는 공동체로 삼으신다. 내게는 성찬(많은 전통에서는 성찬식 또는 주의 만찬)을 중심으로 하나님의 백성으로 모이는 것이 기독교의 정체성에서 타협할 수 없는 부분이다.

지금 내가 말하는 요점은 하나님을 어디에서 발견할 수 있느냐에 대한 양자택일식 주장이 아니다. 그것은 유럽 종족 개신교 교회들에 관한, 그리고 성령이 바로 이 시간에 그들을 어떻게 부르시는가에 대한 맥락적 주장(contextual claim)이다. 이 교회들은 너무나도 자신에게만 집중하고 있어서 교회를 자기들의 에너지를 집중해야 할 일차적 대상으로 상정해 버렸다. 그래서 매력적인 교회가 되거나, 성장하는 교회가 되거나, 사람들의 필요를 채우고 도움을 주는 교회가 되거나, 교인들 일부가 교회 울타리 바깥에서 섬기는 파송 프로그램을 설계하는 일에 열중한다. 와해를 해결하려는 이런 식의 불안한 모색과 내향성을 오래도록 유지하는 동안 무슨 일이 벌어졌는가? 이들 교회는 그들의 진영 너머에서 일하시는 성령의 무너뜨리는 역사를 분별할 능력을 전반적으로 상실해 버렸다. 그들은 하나님이 주로 계시는 곳은 교회 내부만이 아니라 교회 밖 저만큼 앞선 자리임을 여전히 확신할 필요가 있다.

다음 장에서는 교회가 아니라 하나님이 우리의 일차 관심사라는 주장을 살펴보고자 한다. 그러나 먼저, 이 장에 나오는 통찰들을 포함하여 2장 끝부분에서 정리한 내용을 확장시켜 보겠다.

1. 1960년대까지 유럽 종족 교회들은 북미에서 장기간의 성공과 지배적 지위를 누려 왔다. 그래서 자신들이 사회의 중심부에 또는 그 가까이에 있다고 보았다.[11]
2. 1960년대부터 그러한 성장은 소위 대부분의 주류 교회들의 경우 갑자기 멈췄고, 끊임없는 와해기가 시작되었다. 급강하는 현재까지 계속되면서, 사람들로 하여금 교회를 고치고 사회의 중심부로 자기들의 위치를 회복하기 위해 노력하도록 몰아가는

염려와 결핍의 내러티브를 만들어 냈다. 이 모두가 교회에 대한 기본 복원 모드 고착 상태를 악화시켰다. 그것이 이른바 교회 중심주의적 기본 복원 모드다.

3. 거대한 와해는 지금 이 교회 중심적 기본 복원 모드를 쓸어내 버리는 쓰나미다. 다른 종류의 상상력이 북미 전역에 필요하다. 이는 더 이상 교회 중심적 문제들에 초점을 맞추지 않고, 이웃 속에 계시는 성령과 더불어 어떻게 분별의 여정에 함께 나설 수 있는지를 파악하려고 노력하는 것이다.

4장

하나님이 중심이시다
"누가 진짜 통제하고 있는가?"

'성공회 재디자인을 위한 태스크포스팀'(Task Force for Reimagining The Episcopal Church, TREC)의 구성원들은 성령께서 우리 교회로 하여금 변화하는 세계에서 신실하고 생명을 일깨우는 방식으로 하나님의 선교에 참여하도록 부르신다고 믿는다.

21세기 하나님의 선교에 참여하라: 성공회 재디자인을 위한 태스크포스팀 최종보고서[1]

이웃 가운데서 교회 되기

길고 혹독한 겨울이 갑자기 하루 만에 따스한 봄으로 바뀌던 때에, 나는 앨버타주, 에드먼턴에 있었다. 온도가 16도까지 오르면서 태양은 밝게 빛났다. 이러한 급격한 변화는 사람들로 하여금 새로운 일을 하게 만들며 또한 새로운 방식으로 볼 수 있게 만든다.

바로 그날, 론 스미스(Ron Smith)는 직관적 통찰(epiphany)을 경험했다. 론은 캐런 윌크(Karen Wilk)가 에드먼턴의 한 동네에서 일군 교회 공동체의 일원이다. 저녁을 먹으면서 론과 그의 아내는 최근까지 교회에서 어떻게 지내 왔는지를 얘기해 주었다. 그들 부부는 여러 도시에서 많은 교회에 속했었다. 차를 운전해서 교회에 가고 각종 위원회를 섬기며 선교 여행까지 다니는 일에 익숙했었다. 그들은 매우 분주했으며, 삶을 통틀어 진짜로 예수님을 따른다거나 예수님과 함께한다는 느낌은 거의 없었다. 이 점은 그들 부부가 사는 동네에서 교회가 되기를 시도하면서 바뀌었다.

그날 오후, 론은 따스한 날씨를 만끽하며 뒤뜰에서 맥주 한 잔 하러 나갈 참이었다. 그러다 문득 멈추었고, 몸을 돌려 앞문으로 향했다. 이웃 사람들과 알고 지내 오긴 했지만, 이제 더 깊이 알고 싶었다. 론은 바구니에 맥주를 넣고 의자 몇 개를 챙겨서 집 앞 잔디밭으로 향했다. 채 30분도 지나지 않아 한 무리의 이웃이 모여 차가운 맥주와 대화를 즐겼다. 이 만남을 통해 론은 '교회가 이럴 수도 있겠다'는 감을 잡게 되었다.

이는 난데없이 일어난 일이 아니었지만, 전도와 선교를 위해 세심하게 준비된 전략도 아니었다. 새로운 실천을 실험한 것이었다. 호젓하게 즐길 수 있는 뒤뜰에서 다른 사람들을 초청하는 공간인 앞뜰로 옮긴 것이다. 모험을 즐기는 젊은이 특유의 일도 아니었다. 론은 최근 은퇴했다. 그렇지만 론이 이 경험을 나눌 때 나는 그의 목소리에서 실린 흥분과 에너지에 매료되었다.

캐런 윌크도 자신의 소명에 비슷한 전환이 일어난 이야기를 나눠 준다. 캐런은 몇십 년 동안 어느 대형 교회에서 목회 팀의 핵심 리더로 일하면서 프로그램을 운영하고 제자 훈련을 실시했다. 서서히 그녀는 자신이 이웃 사람들과 동떨어져 있고, 지역 사회와 단절되어 있음을 발견했다. 그녀는 자기 삶의 형태를 바꿔 나가기 시작했다. 캐런은 이웃에게 다시 들어가서 사람들과 함께하라는 예수님의 부르심을 더욱 확신하게 되었다.

그 소망은 여러 해에 걸쳐 엄청난 열매를 맺었다. 캐런은 자기 집을 개방하고 다른 사람들을 맞아들여 함께 살았다. 자기 집에서 매달 가벼운 저녁 식사 자리를 마련하고 이웃을 초대하여, 모두가 식탁에 둘러 앉아 음식과 살아가는 이야기를 나누도록 했다. 캐런이 그 가운데서 일하시는 하나님을 발견하고, 성령께서 그토록 여러 해 동안 캐런 자신이 수행하던 교회 사역과는 아주 다른 사역을 어떻게 일구시는지를 인식하기란 어렵지 않았다.

이런 이야기들이 이미 북미 전역에서 불쑥불쑥 나타나고 있다. 쇠퇴 때문에 무력해진 손길은 하나님이 뭔가를 벌이시리라는 확신으로 바뀌고 있다. 지역 상황에 속한 보통 사람들이 자신의 이웃 가운데서 하나님과 동행하는 방법들을 시험하면서 다른 에너지와 희망을 발견하고 있다. 그런 사람들은 일이 다 잘되고 있다는 듯이 가식을 떨지 않는다. 사람들이 다른 상상력으로 행동하고 방법을 배워 나갈 때 많은 혼란과 실험이 존재한다. 그러한 행동이 어떤 모습일지에 대해서는 2부에서 볼 것이다. 지금은 이러한 행동을 가능케 하는 새로운 상상력에 주목할 것이다.

통제하시는 하나님

우리는 대격변을 목격하고 있다. 이 변화의 핵심에는 하나님이 우리 이웃 가운데서 우리보다 앞서 나아가시는 일차 행위자라는 깊은 확신이 있다. 유럽 종족 교회들이 당면한 엄청난 도전이 있다. 교회를 고치겠다는 기교와 관리 방식과 욕망을 내려놓는 대신, 하나님이 특별히 우리 이웃 가운데서 우리보다 앞서 행동하시는 분임을 믿으려면 우리는 어떻게 해야 하는가?

언뜻 보기에 이웃 가운데서 우리보다 앞서시는 하나님과 동행한다는 개념은 간단한 것 같다. 사실, 그 안에는 어떤 진정한 방향 전환이 내포되어 있다. 예수님과 함께하는 삶은 기본적으로 사적인 일도, 심지어 교회 중심적인 일도 아니라는 뜻이다. 우리가 지역 사회를 능동적으로 변화시키는 데 힘을 쏟는다는 뜻이다. 그것은 우리에게 교회 중심주의와 교회에 관한 물음에서 벗어나, 하나님이 하시려는 일이 무엇이며 우리가 어떻게 그 일에 동참할 수 있는지에 대한 전복적 물음을 받아들이라는 요청이다.[2] 필요(needs)에 대한 우리 자신의 평가에 의존하기보다는 하나님이 어디에서 일하시는지를 분별해야 할 위험한 자리로 우리를 초대한다. 필요를 우리가 평가하는 것은 편리하게 우리의 통제하에 의제 및 관계 설정을 두는 것이다.

아마도 가장 고통스러운 것은 하나님의 행위에 대한 헌신이 교회의 형태와 구조에 무슨 의미가 있을지를 미리 알고자 하는 우리의 욕구를 내려놓을 것을 요구한다는 점이다. 오히려 교회들은 통제하려는 태도를 기꺼이 내려놓고, 예수님과 함께 지역 사회 속으로 들어가야 할 것이다. 그런 다음에야 오늘날 교회를 재편한다는 것이 무슨 의미인지 충실히 분별할 수 있을 것이다. 교회가 어떤 모습이 될지를 아는 것은 하나님의 선교에 참여하는 것 다음이 되어야 한다.

이러한 확신을 말하고 실천한 선지자들은 언제나 있었지만, 우리의 강력한 교회 중심적 기본 복원 모드 때문에 우리가 그들의 말을 듣기는 어려웠다. 출애굽기 2:23-24과 같은 본문들을 좀더 면밀히 주목해야 할 것이다. "여러 해 후에 애굽 왕은 죽었고 이스라엘 자손은 고된 노동으로 말미암아 탄식하며 부르짖으니 그 고된 노동으로 말미암아 부르짖는 소리가 하나님께 상달된지라. 하나님이 그들의 고통 소리를 들으시고 하나님이 아브라함과 이삭과 야곱에게 세운 그의 언약을 기억하사…." 이 이야기에는 하나님이 행동하신다는 사실과 하나님과 함께 바다를 넘어가라는 부르심이 분명히 나타나 있다.

이 그림을 채우기 위해서는 약간의 실례를 드는 것이 도움될 수 있다. 밑에 깔린 전제들을 끄집어내기 위해 교회들이 지난 50년 가량 무슨 일을 해 왔는지 물었듯이, 하나님이 무슨 일을 하려고 하셨는지에 대한 예로서 성경의 내러티브들을 들여다볼 수 있을 것이다. 우리는 하나님의 '실천'(doing) 속에서 하나님이 어떻게 적극적 행위자이신지를 본다. 또한 하나님의 행하심은 우리가 어디에서 교회의 새로운 방향과 실천들을 찾을 것인지를 말해 준다.

출애굽기 2:23-3:15_ 하나님은 무슨 일을 하시는가?

이 책 서론과 3장에서 불붙은 가시덤불 앞에 선 모세 이야기를 살펴보았다. 그런데 여기서 하나님의 구출 이야기에 대한 일례로 모세 이야기를 다시 살펴보고자 한다. 언뜻 보기에는 모세가 이야기의 주체인 것처럼 보인다. 사실, 하나님이 주인공이다. 이 이야기는 한 특정 민족을 향해서 그리고 그들을 대신하여 구체적인 세상 가운데서 행하시는 하나님에 관한 것이다. 그 민족 자체는 그리 특별하지 않았다. 그들은 자신들을 소모품 취급한 제국에서 탈출한 노예 집단이었다. 그들에게는 권력도 미래도 없었지만, **그들은 하나님께 소중했다**. 기억하시는 분도 행동하시는 분도 하나님이시다. 하나님이 다스리신다.

하나님은 백성의 울부짖음을 들으시고 그들에게 내려오시는 분이다. 이분이 아브라함의 하나님, 이삭의 하나님, 야곱의 하나님이며, 자기들이 누구인지 더 이상 알지 못하는 한 백성의 구체적 체험 가운데 행동하시는 하나님이다. 이 하나님은 무가치하다고 여겨졌던 지극히 평범한 사람들 가운데서 그리고 그들과 더불어 세계를 재형성하기 위해 행동하신다. 모세의 소명은 하나님의 행하심이라는 일차 드라마에 참여하는 것이다. 교회의 소명 또한 마찬가지다.

출애굽기는 우리가 하나님과 동행하는 실천 방안을 정확히 어디서 발견할 수 있는지 보여 준다. 그것은 실제 사람들과 함께하는 길에서, 즉 우리보다 앞서 하나님이 행동하시는 여러 장소에서 우리가 삶에 참여할 때 발견할 수 있다. 그 실천들은 먼저 교회 내부 프로그램에서 배운 다음 사람들에게 적용하는 게 아니다. 그와는 반대로, 그 실천들은 우리 이웃 가운데 발견된다. 바로 이 이웃이라는 현장이 사회와 공동체의 삶이라는 직물을 어떻게 하나님이 의도하시는 대로 다시 짜느냐 하는 문제를 해결해야 하는 자리다.

에스겔 1:1-28과 37:1-14_ 어디에서 하나님을 찾을 수 있는가?

에스겔 선지자는 성전의 쇠락 문제를 놓고 괴로워했다. 처음에는 그것이 백성의 잘못 때문이라고 생각했다. 백성들은 성전을 적합한 곳에 세우지 못했다. 백성들이 그저 복귀만 할 수 있다면, 모든 것이 잘될 것이라고 보았다. 그러다가 그는 자신이 성전에서 멀리, 델아빕의 유배자들이 모여 사는 그발 강가에 있음을 깨닫는다(겔 1:1). 시냇가나 물이 흐르는 곳이나 우물 곁에서 아웃사이더와 예기치 못한 지혜를 발견하는 일이 성경의 내러티브에서는 자주 등장한다. 그발 강가 역시 하나님이 에스겔을 만나시고 그에게 여러 환상을 허락하신

곳이다.

에스겔은 첫 번째 환상에서 각각 다른 방향으로 돌고 있는 바퀴들을 본다. 이 바퀴들 곁에는 사람의 형상을 한 생물들이 있고, 그 생물은 사방을 향하는 네 개의 얼굴을 가지고 있다. 나는 그 꿈이, 하나님께서 이 젊은 성전 선지자를 새로운 관점으로 초대하시는 것이 아닐까 한다. 특별히, 하나님이 새로운 바퀴들을 갖고 계시며, (본문을 느슨하게 해석하자면) 성전을 넘어 이동하신다는 말씀을 에스겔에게 들려주시는 것으로 보인다.

후에, 성령은 에스겔을 완전히 다른 장소, 즉 어느 골짜기로 데리고 가신다. 여기에서 선지자는 마른 뼈로 가득 찬 골짜기로 유명한 환상을 본다(37:1-14). 그 환상은 가혹하고 거슬리지만, 또한 희망으로 가득 차 있다. 마른 뼈로 가득 찬 골짜기를 들여다보면서 대부분의 사람은 위로 받지 못할 것이다. 그러나 성령께서 그 골짜기에 불어오자 그 마른 뼈들이 살아났다. 핵심은 분명하다. 하나님은 사물과 사람과 상황에게 명하여 살아나게 하신다. 에스겔은 이 현실을 성전에서 다시 보았을까? 우리는 결코 알 수 없다.

이 책은 성령께서 오늘날 유럽 종족 교회들에게 비슷한 방식으로 일하신다고 주장한다. 성령은 우리가 관리하거나 통제할 수 없는 장소들로 우리를 몰아가신다.[3] 와해된 우리의 상태는 형벌이 아니라 선물이다. 이는 하나님 중심의 질문을 던지는 법, '근대의 도박'을 부인하는 법, 하나님의 행위에 실질적으로 연결되지 않고는 인생을 잘 살아 낼 수 없다고 인정하는 법을 배울 수밖에 없도록 우리를 몰아가는 선물이다. 성령은 우리에게 새로운 상상력으로 부르신다.

선교하시는 하나님

거의 20년 넘게 선교적 대화는 선교가 무엇보다도 하나님의 주도하심의 결과라고 주장해 왔다. 선교는 창조를 회복하고 치유하시겠다는 하나님의 목적에 뿌리박혀 있다.[4] 또한 선교는 "인간의 역사 가운데 있는 하나님의 목적들을 묘사하는 성경의 중심 주제"다.[5] 크레이그 밴 겔더(Craig Van Gelder)와 드와이트 샤일리(Dwight Zscheile)가 지적했듯이, 세계 속 하나님의 선교는 하나님의 통치 혹은 하나님 나라와 관계되어 있다. 이는 하나님의 역사가 교회의 선교보다 더 크다는 뜻이다. 비록 교회가 하나님의 다스림에 직접적으로 관련되어 있긴 하지만 말이다.

하나님은 선교하시는 하나님이다. 혹은 밴 겔더와 샤일리가 말하듯, 하나님은 '보내시는' 하나님이다. 이 점은 하나님이 세상의 생명을 위해 하나님의 아들을 보내신 성육신에서 가장 명백하게 드러난다. 대부분의 신학자들은 이 공식에 동의할 것이다. 그러나 밴 겔더와 샤일리는 '참여'(participation) 개념을 도입해서 그 공식을 확대하고 풍성하게 한다. 예수 그리스도 안에 드러난 하나님의 계시는 하나님이 보내시는 분일 뿐 아니라 무엇보다도 최우선적으로 세상에 참여하시는 분이라는 뜻이다.[6] 하나님의 보내심은 하나님 자신의 선교에 대한 하나님의 참여와 짝을 이룰 때에만 이해될 수 있다.

하나님을 보내시는 '동시에' 참여하시는 분으로 이해할 때, 교회의 중요한 요소들이 전면에 부상한다.

1. 세상에 보내시고 참여하시는 선교적 하나님은 또한 교회를 세

상 가운데 보내신다. 교회는 이 선교하시는 하나님의 정체성과 의도를 드러내는 살아 있는 구현체다. 이 말은 교회가 행하는 모든 것이 지역의 상황에 대한 선교적 헌신에서 나온다는 뜻이다.

2. 북미의 배경에서 교회는 우리의 포스트모던하고 탈기독교 제국적이며 세계화된 상황에 개입하고 참여하도록 보냄 받았다.

3. 교회의 내부 활동은 모든 신자가 선교에 참여하는 제자로 살아가는 데 집중한다. 예배, 가르침, 영적 훈련, 교제, 이 모든 것은 사람들로 하여금 전적으로 하나님의 선교에 참여하도록 준비시키고 보내기 위한 것이다.[7]

4. 만일 교회가 아닌 하나님이 일차 행위자라면, 우리는 하나님이 이미 우리보다 앞서 계시다고 전제해야 한다. 교회는 하나님이 이미 하고 계시는 일을 구현하며 그 일에 참여한다. 이제 '하나님이 무슨 일을 하시는가?'와 '하나님이 어디에서 그 일을 하시는가?'라는 질문이 교회의 실천을 형성해야 한다. 교회는 하나님이 이미 무슨 일을 벌이시는지 예의주시하며 자신의 구체적 정황에서 하나님과 동참할 때에야 비로소 하나님의 생명을 어떻게 구현하는지 알 수 있다.

5. 교회의 일차적인 일은 하나님이 이미 벌이시는 일이 무엇인지 경청하는 것이다. 교회의 삶은 이웃의 삶을 경청하고 관찰하고 그 안에 들어가고 참여하는 일로 이뤄져야 한다. 그 가운데서 하나님의 백성은 과거 예수님이 행하셨듯이 매일의 일상을 살아가는 것이다. "말씀이 육신이 되어 우리 가운데 거하시매[혹은 '자기의 장막을 치시매']…"(요 1:14).

더 최근의 서구 전통에서 (특히 식민지화를 동반한 선교 운동들에서)[8] 지도자들은 '보내는' 기능, 특히 교회를 선교의 적극적 일차 행위자로 삼아 보내는 것을 강조했다. 모든 사람이 교회가 하나님을 '대신해서' 그리고 세상을 '위해서' 무슨 일을 행하는지에 주목했다. 이러한 맥락에서, 교회는 교회의 사역을 행하도록 보냄 받았다. 즉 교회가 온갖 장소에서 교회 자체를 재생산하기 위해 나아갔던 것이다. 가는 곳마다 유럽 종족 교회 건물의 복사판을 지어 놓는 일도 포함되었다. 이처럼 선교는 대체로 교회 중심적이었다.

참여 개념은 이 모든 것을 바꾸어 놓는다. 교회가 할 일은 세상에서 하나님과 '동참'하도록 부름받은 곳은 어디인지 또 그 방법은 무엇인지 분별하는 것이다. 하나님과 동참하는 것은 행위 주체를 교회에서 하나님으로 되돌려 틀을 다시 짜는 것이다. 교회는 분별하고 참여하는 행위를 통해서 자신의 구체적 정체성을 알게 되는 것이지, 그 반대가 아니다.

신학자들은 한동안 교회가 선교의 출발점일 수 없다는 점에 동의했다.[9] 불행하게도 이 신학적 확신은 교단들의 실제 삶에 적용되지 못했고, 따라서 교단들의 근본적 교회 중심주의를 크게 바꾸지 못했다. 현재 이뤄지고 있는 선교적 대화에 단초를 제공한 책인 『선교적 교회』는 이 점을 잘 예시해 준다.[10] 기고자의 한 사람으로서 나는 우리가 탄탄한 하나님의 선교(*missio dei*) 신학을 구성하려 했음을 알고 있다. 그러나 우리는 여전히 교회 중심적 기반에서 그 작업을 수행했다. 선교적 교회 관련 후속 문헌들도 다를 것이 없었다. 대부분은 하나님이 일상과 지역에 들어오시고 참여하시는 방식을 묻는 데서 시작하지 않는다. 그들은 교회가 된다는 게 무슨 의미인지에 대한 어떤 이해의 틀을 만들어 내고, 이를 기반으로 선교적 교회론 지지 입장을 편다.

나는 단순히 바른 사고와 바른 신학이 성공의 길은 아니라고 믿는다. 우리가 해야 할 일은 우리의 이웃이 사는 곳에서 진행 중인 하나님의 행위와 그곳에서 하나님과 동행하는 방법에 대한 물음을 중심으로 우리 삶의 틀을 짜는 것이다. 오직 이 질문에 대한 답변으로만 교회의 소명을 알게 된다. "우리 이웃 가운데서 성령이 우리보다 앞서 벌이시는 일이 무엇인지를 분별하는 여정에 함께 나선다는 것이 우리에게 어떤 모습인가?"

진지하게 받아들일 새로운 내러티브

영국 성공회는 이렇게 변화된 상상력을 받아들이려고 시도한 하나의 교단이다. 2012년 여름 교회 지도자들은 교회의 구조와 관리 방식과 실천들을 다시 상상하기 위한 태스크포스팀을 하나 발족시켰다. 결코 만만치 않은 주문이었다. 이 팀이 2014년 12월에 제출한 보고서는 이 시대에 교회를 가르치고 이끌어 나가는 도구로 활용되고 있으므로, 여기서 약간 길게 인용하도록 하겠다.

교회는 제도가 아닌 운동으로 시작되었다. 초기 그리스도인들은 예수 운동을 보전하고 지지하고 확신하기 위한 불가피한 방편으로 조직과 구조를 발전시켰다. 사도행전은 이를 실험과 분별과 발견이라는 흥미진진하고 역동적인 과정으로 기술한다.

운동이 언제나 제도에 앞서며, 실천이 언제나 구조에 앞선다. 이 때문에 우리는 이 시기에 우리가 함께 할 수 있는 가장 중요한 일은 초기 기독교 운동에 생기를 불어넣는 데 도움이 된 세 가지 기본적 실천으로 돌아가는 것이라고 믿는다. 우리는 지금 우리의 제도를 어떻게 보전하느냐에 근심하며 집중하기보다는, 그 운동의 기본적 실천들에 즐겁게 집중함으로써 우리를 하나님의 미래로 나아가게 할 진짜 열쇠를 쥐게 되리라고 믿는다. 과거와 마찬가지로, 이 운동이 활성화될 수 있게 하고 권장하기까지 하는 방향으로 현재의 구조들을 조정하면서, 우리 자신의 다양한 지역 상황들 속에서 운동의 기본 실천들을 적용하고 갱신하는 데 집중할 때 성공회의 새로운 미래가 나타날 것이다.

사람들이 교회를 찾고 교회의 기존 생활 방식에 참여할 것으로 기대하는 데 익숙해진 교회를 향하여, 누가복음에서 나오는 이 이야기는 오늘날 모든 수준의 교회가 이 간단하지만 변혁적인 실천들을 받아들여야 한다고 요청한다.

> 함께 예수를 따라…
> 마을로 들어가라…
> 빈손으로 여행하라….[11]

이는 흥미진진하며 상상력을 자극하는 초청이다. 성공회는 극소수의 다른 유럽 종족 교회들과 마찬가지로, 기본 복원 모드 '수리' 방식을 중단하고, 우리보다 앞서 계시는 하나님께 참여하라는 성령의 초청에 응답하는 데 중요한 것이 무엇인지를 파악하기 시작했다. 이것이 한때 지배적이던 유럽 교회들의 끝을 의미하는 것이 아님은 명백하다. 만일 그 교회들이 번성하기 원한다면, 자신들의 정체성과 역할을 다시 상상할 필요가 있을 것이다. 그러려면 자기들의 시작에 관한 이야기를 재확인하고, 수십 년간 교회의 삶을 형성해 왔던 교회 중심의 기본 복원 모드를 떠나서 어떻게 행동할 수 있을지를 이해할 필요가 있을 것이다.

이 기본 복원 모드는 깊이 박혀 있다. 한 그룹의 사람들이 앞을 내다보면서 상상력 넘치는 초대장을 만들어 냈다고 해서 쉽사리 사라지지 않는다. 지난 세기 대부분 자리 잡았던 기본 복원 모드를 어떻게 그냥 지나칠 수 있겠는가? 어떤 실천을 해야 교회와 범교회 단체들이 진정으로 하나님과 협력하고, 교회를 재편하고, 궁극적으로는 변화하는 지역 사회에 참여함으로써 하나님의 다스림을 반영할 수 있을 것인가? 2부에서 그러한 여정의 윤곽을 그려 보도록 하겠다.

2부
새로운 여정을 위한 새로운 실천

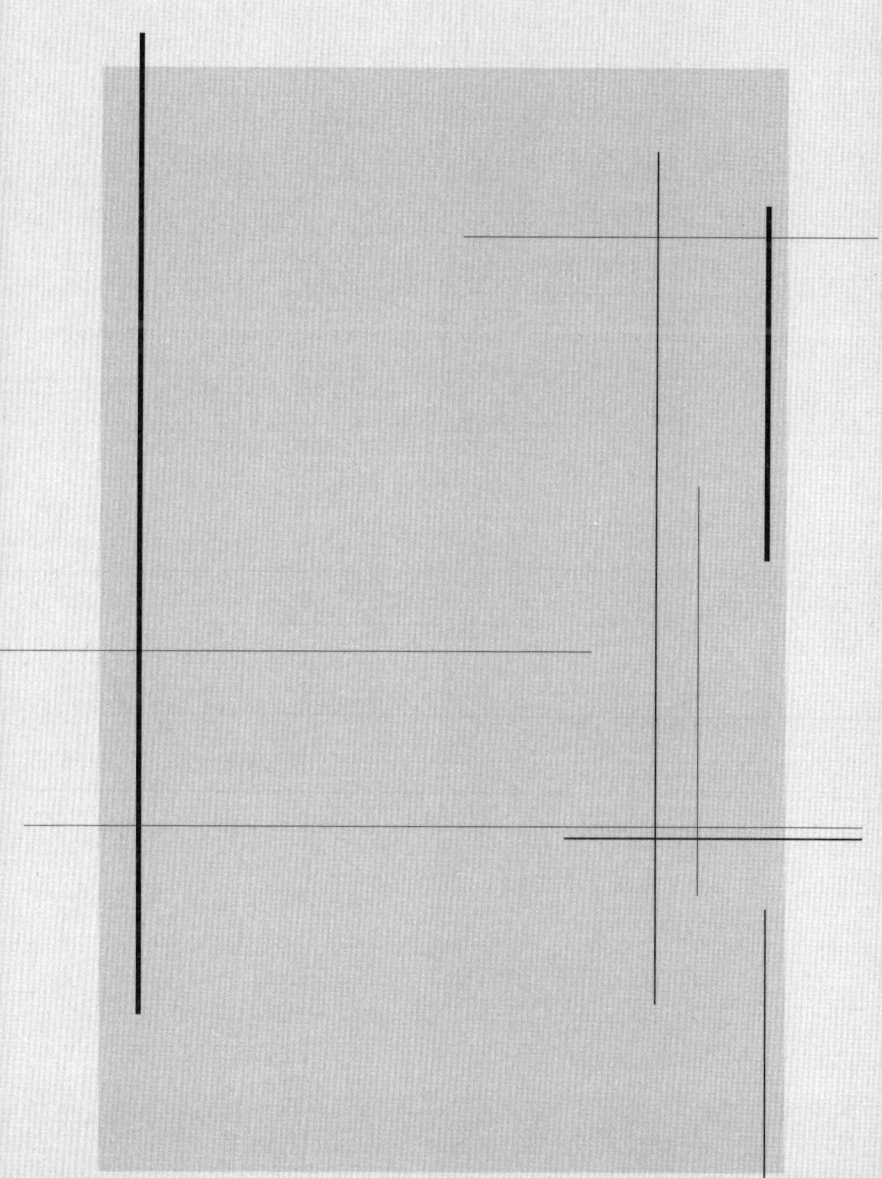

어마어마한 이야기가 진행되고 있다. 우리 대부분에게는 잘 보이지 않았다. 이는 우리가 교회를 고쳐서 재가동시키려는 교회 중심적 운동을 했던 둘 혹은 그 이상의 세대에 의해 형성되었기 때문이다. 그러나 하나님은 북미 전역에서 새로운 방향을 잡으시면서 새로운 물언가를 벌이고 계신다. 이제 내가 관심을 돌리고 싶은 문제가 있다. 어떻게 우리 눈으로 직접 그 이야기를 확인할 수 있으며, 또 어떻게 교회들이 예수님이 우리의 이웃들 가운데로 들어와 일하시는 운동에 참여할 수 있는가?

교회들이 새로운 땅으로 들어가는 여정을 함께하고 있다. 다음 몇 장(5-10장)은 이 일이 어떻게 일어날 수 있는지를 보여 주는 일단의 실천들을 탐구한다. 그 과정이 어떨지에 대해 착각하지 말라. 힘든 일도 마주쳐야 할 장애물들도 기다리고 있다. 그중 몇 가지에 대해 논할 것이다. 중요한 게 무엇인가에 대한 우리의 생각을 바꾸는 일과 새로운 실천 사항[예를 들어, '목표 중심의 일'(doing for)에서 '함께 함'(being with)으로의 전환]을 습득하는 일은 기존의 방향을 깨부수는 여정으로 용기와 끈기가 필요하다. 또한 처음에는 낯설어 보일 길로 우리를 데려갈 몇 가지 기본적 확신이 필요할 것이다. 다음과 같은 확신들이다.

1. 이웃들 가운데서 하나님이 우리보다 앞서 가시면서 우리에게 동참하라고 부르신다.
2. 하나님은 교회를 이루고 있는 사람들 가운데 임재하시며, 성령님은 그들의 삶에 임재하셔서 그들이 이 여정에 참여하도록 적극 초청하고 계신다.

3. 하나님의 보통 사람들은 하나님의 말씀 가운데 거하면서 서로를 통해 들려오는 하나님의 말씀에 귀 기울이고 들을 수 있다.
4. 리더들은 함께하는 삶 속에 계시는 성령께 귀 기울일 수 있는 공간을 계발한다.
5. 안수 받은 자의 일차 업무는 기도의 소명 가운데서 함께 성령을 분별하는 기도의 사람들을 육성하는 것이다. 리더는 교회를 고쳐서 재가동해야 한다는 염려를 내려놓아야만 한다.
6. 안수 받은 지도자는 세례 받은 자가 행하도록 부르심 받은 그 일을 자신은 하지 않으면서 사람들을 이끌 수 없다.

이러한 확신들이 현재 유럽 종족 교회들의 삶을 형성해 온 교회 중심적이며 성직자 중심적인 내러티브에 맞대응하는데 도움이 될 것이다.

마음속에 이런 토대를 지닐 때, 이 여정의 다음 단계에 진입할 수 있다. 이제는 실천할 때다.

5장

새로운 여정의 실천

왜 실천인가? "어떻게 우리가 새로운 내러티브로 옮겨 갈 수 있는가?" 더 구체적으로 말해 보자. "어떻게 한 교회가 이 여정에 돌입할 수 있는가?" 이러한 질문에 가장 중요한 답을 '실천'(practices)이라는 말에서 찾을 수 있다. 여기서 실천이란 공유된 행동들로서, 그러한 일련의 행동을 택하는 개인과 집단 내에 하나의 생활 방식을 구성한다. 우리에게는 새로운 여정을 위한 새로운 실천이 필요하다.

간단한 예로 주기도문 암송을 들 수 있다. 여러 해 전, 어느 사람을 놓고 좌절에 빠진 적이 있다. 그 사람과 그 주위 사람들을 향한 나의 태도에도 영향을 끼칠 정도였다. 마침내 동료 그리스도인 존이 그 문제를 어떻게 할 것인지 내게 물었다. 내가 우물쭈물 대답을 못하자, 존은 주기도문을 하루 세 번 규칙적으로 소리 내서 암송하라고 도전했다. 몇 달이 지나자 주기도문의 말씀은 나에게 거의 호흡처럼 되었다. 원래부터 나의 일부였던 것처럼 말이다.

"우리가 우리에게 죄 지은 자를 사하여 준 것같이 우리 죄를 사하여 주시옵고"(마 6:12)라는 구절에 이를 때마다, 나는 내 태도와 마주쳤다. 마침내 변화가 시작되었다. 분노가 사라졌고, 나를 그토록 화나게 했던 그 사람을 축복할 수 있었다. 내 친구들 몇몇이 나에게 계속해서 주기도문을 잘 암송하고 있는지 수시로 물었다. 일종의 부드러운 점검 차원이었다. 이런 실천들을 통해서 우리는 '공동체적으로' 하나님의 길에 들어가게 된다.

실천은 그저 감정과 정서, 혹은 세심하고 배려 있는 생각이 아니다. 실천은 우리 삶을 어느 방향으론가 형성하는 일상화된 행동들이다. 주후 1세기 중반에 예수님을 따랐던 사람들은 '그 길의 사람들'로 불렸는데, 이 말은 그들이 예수님의 길을 실천하는 사람들이었다는 뜻이다. 우리가 중요하다고 결정한 실천들을 통해서 우리 역시 그들처럼 특정한 생활 방식에 맞추도록 형성된다. 우리가 그 실천을 몸소 행할 때, 그 실천은 우리 삶에 흐르는 리듬의 일부가 된다. 말하자면 실천은 우리의 힘줄이 되고, 뼈가 되고, 근육이 되고, 신경이 되며, 피부가 된다. 실천은 우리 공동체가 누구인지를 '구현해' 준다.

실천은 우리를 어떤 특정한 방향이나 생활 방식으로 인도하는 공통적 습관과 태도와 행동을 우리의 함께하는 삶에 심어 넣는다. 실천은 우리를 함께하는 삶에 엮어 준다. 예를 들어, 여러 세대로 구성된 나의 가족은 평일 저녁마다 공동 식사로 함께 모인다. 식구 중 어느 누구에게 무슨 일이 일어나도 그렇게 한다. 식탁에 둘러앉아 서로 대화하고 반응하는 공동의 시간을 갖는다. 이러한 실천은 우리에게 그저 같은 공간을 점유하는 사람들의 집합을 넘어서게 하는 필수적인 방식이 되었다.

매주 드리는 예배 역시 변혁을 일으키는 또 다른 사회적 실천이다. 매주 예배는 처음부터 기독교의 핵심 실천이었다. 우리는 함께 모여, 이러한 예배의 실천 없이는 우리는 우리가 고백하는 바로 그런 존재일 수 없음을 인정한다. 우리는 식탁에 둘러앉으신 예수님과 더불어 형성된 사람들이다. 개인이 혼자서 예배할 수 있다는 주장을 지지할 사람이 있는지 나는 모른다. 우리는 예수님의 제자됨을 실천하기 위해 함께 모이는 것에는 어떤 본질적인 것이 있다고 믿는다. 비록 혼자서 어떤 실천을 행한다 할지라도, 우리는 다른 사람들이 또 다른 곳에서 똑같은 성령 안에서 그 실천을 공유한다는 자각을 갖고 그렇게 한다. 실천은 하나님의 임재를 열어젖히며 우리 가운데 하나님을 알리는 공동 행위의 유형이다.

실천은 우리가 하나님의 백성으로서 소원하는 바에 일치되게끔 공동생활을 함께 만들어 갈 수 있도록 해 준다. 이 책의 맥락에서 우리가 바라는 바는 동시에 두 방향으로 움직이는 사람들이 되는 것이다. 첫째, 우리는 교회 중심적 기본 복원 모드와 교회를 고쳐서 재가동하려는 집착, 우리 자신을 주인공으로 삼는 자기 집착에서 벗어나서, 대신에 하나님을 주인공으로 삼기를 바란다. 둘째, 우리는 예수님의 방식으로 형성되어, 우리 이웃 속으로 빈손으로 들어가서 우리보다 이미 앞서 행하시는 하나님의 일을 분별하고 그 일에 동참하는 사람들이 되기를 바란다. 그렇다면 우리를 이 방향으로 움직이게 하고 이런 사람들이 되도록 형성시켜 주는 실천들은 어떤 것인가?

복음에 토대를 둔 실천

4장 끝부분에서 우리가 보았던 성공회 재디자인을 위한 태스크포스 보고서에 약술한 복음과 세 가지 실천보다 더 좋은 출발점은 없다. 먼저 누가복음 10:1-12에서 시작하자.

> 그 후에 주께서 따로 칠십 인을 세우사 친히 가시려는 각 동네와 각 지역으로 둘씩 앞서 보내시며 이르시되 "추수할 것은 많되 일꾼이 적으니 그러므로 추수하는 주인에게 청하여 추수할 일꾼들을 보내 주소서 하라. 갈지어다. 내가 너희를 보냄이 어린양을 이리 가운데로 보냄과 같도다. 전대나 배낭이나 신발을 가지지 말며 길에서 아무에게도 문안하지 말며
>
> 어느 집에 들어가든지 먼저 말하되 '이 집이 평안할지어다' 하라. 만일 평안을 받을 사람이 거기 있으면 너희의 평안이 그에게 머물 것이요, 그렇지 않으면 너희에게로 돌아오리라. 그 집에 유하며 주는 것을 먹고 마시라. 일꾼이 그 삯을 받는 것이 마땅하니라. 이 집에서 저 집으로 옮기지 말라.
>
> 어느 동네에 들어가든지 너희를 영접하거든 너희 앞에 차려 놓은 것을 먹고 거기 있는 병자들을 고치고 또 말하기를 '하나님의 나라가 너희에게 가까이 왔다' 하라. 어느 동네에 들어가든지 너희를 영접하지 아니하거든 그 거리로 나와서 말하되 '너희 동네에서 우리 발에 묻은 먼지도 너희에게 떨어버리노라. 그러나 하나님의 나라가 가까이 온 줄

을 알라' 하라. 내가 너희에게 말하노니, 그날에 소돔이 그 동네보다 견디기 쉬우리라."

누가복음 10장에 나오는 파송은 사회사업가가 되라거나 사람들의 필요를 맞춰 주라는 얘기가 아니다. 그 지침을 보면, 제자들에게 사람들을 돕거나 그들의 필요를 채워 줄 수단이 거의 주어지지 않는다. 파송된 70인은 이웃에게 가서 하나님이 화해시키시며 치유하시는 미래를 몸소 보여 주고 선포하라고 보냄 받는다. 그들은 하나님의 행동을 대행하는 자들이다. 그래서 광야에 보냄 받은 이스라엘 백성들처럼 아무것도 가져갈 게 없었다.

이 보내심에 내포된 실천은 우리 이웃들 가운데서 일하시는 하나님과 동행한다는 것이 무슨 뜻인지 분별하는 데 매우 중요하다. 이스라엘 백성들이 광야에서 하나님의 환대에 의존해야 했듯이, 70인은 이웃의 환대에 의존하는 실천을 하도록 보냄 받는다. 그들은 통제하는 자의 입장에서 가지 않아야 했다. 그들은 성령이 무슨 일을 하시는지를 분별해야 했다. 그들이 배운 실천들에는 여러 동네 사람들과 더불어 그리고 그들 가운데 거하고, 일하고, 먹고, 경청하고, 치유하는 일이 있었다.

하나님의 활동 무대는 분명하다. 하나님은 마을에서, 가정에서, 식탁에서, 일터에서, 보통 사람들이 일상생활을 만나는 장소에서 활동하신다. 다시 말해, 우리 이웃 가운데서다. 이러한 실천들은 미리 생각해 놓은 교회 범주에서가 아니라, 교회 밖 마을에서 그리고 마을 사람들 가운데서 형성된다. 다시 말하자면, 옛날 출애굽 전승에서처럼, 실천은 길 위와 광야에서 이뤄진다.

이런다고 교회가 무용지물이 된다는 게 아니다. 기존 교회들이 스스로를 상상하는 것과 방식이 달라지는 것이다. 교회 문제들로 시작하지 않는 것과 교회를 고치는 것이 먼저라는 생각을 내려놓는 것은 우리의 직관에는 반하지만 우리의 소명을 재발견함에 있어서는 필수적이다. '먼저' 우리 자신을 고치려 한 '다음에' 우리의 지역 사회에 참여하려는 계획을 세우는 것으로는 누가복음이 말하는 70인처럼 되기가 불가능하다. 우리보다 앞서 계시는 그분과 동행하기 전까지는 교회가 취해야 할 형태든 가장 효과적인 구조든 알기가 불가능하다. 우리의 "새로운 교구들"이 택해야 할 모양과 형태와 구조를 이해하려면, 우리가 무엇을 분별하고 있는지에 대해 함께 되돌아가 성찰해야 한다.

이 마지막 문장들을 다시 강조하는 것이 중요하다. 사람들은 내 말이 교회가 더 이상 중요하지 않거나 교회 안에서의 삶의 실천이 적실하지 않다고 간주하는 건 아닌지 오해한다. 이는 사실과 전혀 다르다. 우리는 유럽 종족 교회들의 현 상황을 인식하고 있다. 또한 그들의 전통과 예전과 제자도의 형식이 우리가 처한 환경 속에서 하나님의 선교에 참여하는 중요한 수단이 될 수 있는 새로운 방식들을 그들이 어떻게 발견할 것인지를 인식하고 있다.

이런 이유로 영국 성공회의 보고서는 아주 시의적절하다. 그 보고서는 누가복음 10장의 본문을 택하여, 하나님께 참여하고자 하는 교회를 위한 세 가지 실천을 다음과 같이 제안한다.

함께 예수님을 따르기: 영국 성공회의 정체성은 예수님과 그분의 길에 뿌리박고 있다. 우리 교회의 갱신은 오직 그 길의 형태를 분별하고 성령의 권능으로 함께 실천할 때 올 것이다. 기독교는 단지 제도나 일단의 개념들이 아닌 체화된 삶의 방식이다. 성공회는 예수님의 길을 해석하고 표출하는 독특하며 풍부한 유산을 갖고 있다. 모든 지교회와 성공회 교인은 더 깊이 예수님을 따르도록 부름 받았음에 틀림없다.

이웃 속으로 들어가기: 예수님은 일상생활이 펼쳐지는 곳으로 우리를 함께 보내신다. 우리는 하나님의 화평케 하시는 일과 치유하시는 일에 참여함으로써 공동체를 형성하고 회복하면서 하나님의 다스리심을 증거하도록 보냄 받았다. 이 일은 이웃의 삶에 깊이 경청함으로, 그들이 우리 방식대로 찾아올 것을 기대하기보다는 우리가 그들의 환대에 의지함으로 시작된다. 점점 다양해지는 오늘의 세계에, '우리 앞에 베풀어진 음식을 먹으면서' 서로 다른 문화와 신앙과 신념을 지닌 사람들에게 증거하는 방법과 그들에게 받는 방법을 배워야 한다. 현재 많은 교회가 단절되어 있기 때문에, 우리가 어떻게 기독교 공동체를 형성하며 증거할 수 있는가를 배워 나가면서 이웃들과 함께 하나님의 평화를 나누는 작은 실험들을 시도한다는 뜻이다.

빈손으로 여행하기: 예수님은 우리를 빈손으로 보내신다. 그래야 우리는 하나님의 풍성하심에 의지할 수 있다. 하나님의 풍성하심은 때때로 이웃의 환대를 통해서 우리에게 임한다. 우리는 우리가 함께하는 삶을 조직하는 대안적 유형들을 위한 공간을 확보하면서 물려받은 구조들을 느슨하게 유지해야 한다. 우리의 전통들 가운데 어떤 부분이 생명을 주며, 어떤 부분이 부당하게 우리를 짓누르는지를 분별해야 한

다. 빈손으로 여행하는 것은 하나님과 우리 이웃들에 의해 상황이 바뀔 위험을 감수하면서 당할 연약한 상태로 나선다는 뜻이다.

함께 예수님을 따르고, 이웃 속으로 들어가고, 빈손으로 여행하는 이 세 가지 요소는 교회가 교회 중심적 기본 복원 모드와 결별하고 하나님께 참여할 수 있는 방법을 구성한다. 하나님은 자기 백성보다 앞서 일상의 구체적인 장소에 거하시며 행동하신다. 마침내 우리가 하나님의 교회가 되는 문제들을 해결할 방법을 배우기까지, 우리가 함께 실천할 곳은 바로 일상의 자리다.

새로운 여정을 위한 다섯 가지 실천

다음 다섯 가지 실천은 누가복음 10:1-12에 나오는 예수님의 지침과, 이 여정을 함께할 방법을 실험했던 수많은 교회 및 지도자와 함께했던 나와 내 동료들의 경험을 근거로 한다. 이 실천들은 가능한 한 간단하며 구체적이 되게끔 했다. 의도적으로 단계들을 한묶음으로 구성하는 방식으로 설계되어 있다. 우리 대부분은 새로운 실천들을 배우는 방식이 이렇기 때문이다. 실천은 지극히 간단하지만, 교회의 습관에 의미심장한 수준의 변화를 요청한다. 다섯 가지 실천은 다음과 같다.

1. **경청하기**(listening): 하나님께, 서로 간에, 우리 이웃들에게 주목하기
2. **분별하기**(discerning): 우리 이웃 가운데서 하나님과 동행하도

록 성령이 우리를 어디로 초대하는지 발견하기
3. **실험하기**(testing): 이웃 가운데서 하나님과 동행하기 위한 간단한 행동 몇 가지를 해 보기
4. **성찰하기**(reflection): 우리가 무슨 일을 했는지, 무엇을 배우고 있는지, 하나님이 일하시는 것을 어디에서 목격했는지 함께 모여서 묻기
5. **결정하기**(deciding): 우리가 지금 이웃 가운데서 하나님과 동행할 새로운 방식이 무엇인지 결정하기

이 여정을 시작할 준비를 하면서 아래와 같은 점들을 명심하기 바란다.

- 여정 전체를 야단법석 떨지 않고 작게 시작해서, 눈에 띄게 주목받지 않은 채 새로운 실천들을 실행에 옮길 수 있도록 한다.
- 여정은 정규 프로그램과 행사, 교회 생활의 리듬과 병행해서 이뤄져야 한다. 그것들을 대체해서는 안 된다. 다시 말해, 몇 가지 일이 동시에 일어나는 것이다. 관심 있는 모든 사람이 '경청 대화'와 '말씀 가운데 거하기'(자세한 내용은 다음 장에서 다룬다)에 참여할 수 있다. 그런 와중에, 어떤 소그룹 회원들은 예수님의 방법으로 빈손으로 이웃 속으로 들어가기 위한 실천들을 분별하고 실험하는 단계에 돌입한다. 대부분의 교인이 다음 단계에 들어가지 않고 곁에 서서 조용히 관찰하는 것도 좋다. 대부분은 다른 사람들이 다음 단계를 먼저 행하는 것을 보면서 새로운 습관들을 배운다.

- 처음 네 가지 실천을 다 실행하기까지 18개월에서 20개월이 걸린다. 그 시점에서 교회에게 그 순환 과정을 반복할 것인지, 또 어떻게 반복할 것인지 결정하도록 요청하는 것이 중요하다.

이는 교회가 그 상상력과 에너지를 변환하도록 의도된 여정이다. 이 실천들은 부드럽게 그리고 점차적으로 사람들로 하여금 새로운 질문들을 하도록, 그리고 우선적으로 하나님의 행위를 찾도록 초청한다. 이 모든 일이 그들의 이웃 속으로 들어가는 여정과 그들이 하고 있는 일을 성찰함으로써 이루어진다. 그 순환 과정이 반복되면서, 자신들의 이웃 가운데서 예수님의 길에 참여하는 사람들이 조금씩 더 늘어난다. 조금씩 조금씩 사람들은 서서히 생명의 길로 들어간다. 여러분은 프로그램을 만드는 게 아니고 새로운 실천들을 소개하는 것이다. 실천들이 교인 가운데서 더욱더 많은 사람에게 생명의 길이 될 것이라는 희망을 갖고서 말이다. 교회가 이 여정에 나서는 법을 배울 때, 교회는 와해에서 빠져나올 길을 발견하게 되고, 그렇게 함으로써 매우 다른 종류의 교회가 될 것이다.

마음을 단단히 먹을 것은 이 여정이 길고 지난하다는 것이다. 우리 중 아무도 자기 습관을 쉽거나 빠르게 바꿀 수 없다. 앞으로 제공할 이야기와 실제 사례를 통해 이 여정이 결코 쉽지 않음을 내가 이해하고 있다는 사실을 여러분에게 확신시키고 싶다. 그러나 이 여정은 성령께서 우리를 초대하시는 길이다. 그래서 이 여정은 모든 것을 걸만한 가치가 있다.

하나님이 지금 하시는 일에 참여하는 것보다 더 힘나는 일은 없다. 우리의 많은 유럽 종족 교회들에게, 우리가 더 이상 상실과 걱정의 자리에 머물 필요가 없다는 것보다 더 좋은 소식은 없다. 우리는 이 놀라운 모험에 나서라는 부르심을 받고 있다. 하나님이 세상을 변화시키는 그 자리가 바로 우리 이웃 가운데 있기 때문이다. 그리고 하나님이 그 일을 행하시는 방식은 예수님의 방식에 있으며, 바로 누가복음 10장의 방식이다.

6장

실천 1–경청하기

누가복음 10장에 나오는 예수님의 지침들은 이웃 속으로 들어가 환대를 받아들이고 다른 사람과 더불어 지내는 것과 관련 있다. 이러한 행동에서 핵심 실천은 '경청'(listening)이다. 새로운 여정에 나설 때 교회는 이 실천을 계발해야 한다.

말로는 쉽게 들리지만, 여기에서 말하는 경청은 교회의 습관과 태도에 극적 변화를 요구한다. 다음 이야기를 숙고해 보자.

짐과 앤은 동네 교회를 이루기 위해 로스앤젤레스 지역에 사는 다양한 사람으로 구성된 한 그룹에 동참했다. 서로 알고 지내던 사람도 있지만, 새로운 사람도 있다. 그들 모두는 동네에서 하나님이 어떤 식으로 자기들보다 앞서 가시는지를 분별하려는 공동의 열망에 이끌렸다. 그들은 그 일이 프로그램을 만들거나 심지어 '공부'하거나 지역 사회를 '이해'하는 문제가 아니라, 경청의 방식을 실천하는 문제일 것임을 알고 있다. 그들이 성령께 경청하는 법을 배운다면, 그들은 그들의 지역 사회에서 하나님이 하시는 일에 눈을 뜨게 될 것이라고 확신한다. 마치 예수님이 시각 장애인의 눈을 만지셨던 이야기처럼 말이다.

초기 모임에서 그들은 이러한 열망을 서로 나누고, 어떻게 하면 이러한 경청을 시작할 수 있을지에 대해 나눈다. 사람들은 우리가 집이라 부르며 차로 들락날락하는 그곳에 대해 빠삭하다고 생각하면서 지역 사회를 대수롭지 않게 여길 때가 많음을 인정한다. 자신의 지역 사회에 대해서, 심지어 자기 가정과 일터의 사람들에게도 무심하기가 너무 쉽다. 이 그룹은 이러한 현실을 인정하면서 자기 동네에 대한 관심이 '깨어날' 방법을 배우기를 열망했다.[1]

이 지역 교회에 속하는 30명가량의 사람들은 중학생에서 60대 중반까지의 연령이 포함되어 있다. 그들은 동네에 대해서 '깨어나는' 한 가지 길은 그들 자신으로부터 시작하는 것이라고 확신했다. 그들은 서로서로 경청 연습을 한 다음 동네에서 하나님께 경청하는 일에 대해 무엇을 배울 수 있는지 알아볼 것이다.

그들은 서로 위로하고 이야기를 나누는 능력을 키우기를 원한다. 이런 이야기를 그들은 '간증'[2]이라고 한다. 그들은 정기 모임의 흐름에 맞춰 활용할 수 있는 간단한 실천들을 고안했다. 그것은 식탁에 둘러앉아 다음과 같이 묻는 것일 수도 있다. "이번 주에 당신은 당신의 삶 어디에서 하나님을 경험했습니까?" 아이와 어른들이 자기 경험에 대해 이야기를 나눈다. 사람들이 이야기를 나눌 때, 다른 사람들은 귀 기울여 들으면서 질문을 던져 말하는 사람으로 하여금 자기 말이 제대로 전달되었다는 깊은 인식을 주기도 한다.

이 실천을 통하여 그들이 모여서 서로 나누는 내용이 형성되기 시작한다. 또한 한 주간의 삶에 대한 대화가 형성되며, 그들의 일상 경험 가운데 하나님이 임재하신다는 기대가 조성된다. 경청과 나눔의 리듬을 타다가 적당한 지점에 이르러 주기도문을 함께 암송한다. 이는 함께 하나님께 경청하는 일을 계속해서 심화시키는 잘 알려진 간단한 실천이다.

경청의 실천을 깨우치고, 하나님이 이미 그들 가운데 어떻게 임재하시는지 경청을 통해 깊이 깨달아 가는 공동체에 대한 이야기에는 여러 층위가 있다. 매주 식탁에 둘러앉는 이 리듬 속에서 그들은 어떻게 주의를 기울이고 기대하는 사람들이 되는지를 배우고 있다.

교회와 이웃들은 서로 경청하는 이 능력을 상당 부분 상실했다.[3] 대부분의 교회에서, 경청은 거룩에 대한 우리의 관계를 제의화한 앞(설교단이나 제단)을 향하거나 (위원회 회의에서처럼) 의제와 업무 중심으로 관계를 형성한 상석을 향한다. 우리는 이렇게 구조화된 상호 관계들 바깥에서 서로 경청하는 실천을 상실했다.

최근, 한 그룹의 신학생들과 식사를 같이했다. 나는 그들에게 어떻게 해서 목사가 되기로 결심했는지, 어떻게 이 신학교를 선택했는지, 어떻게 배우자를 만났는지 등등의 질문을 했다. 그들의 반응에 입이 딱 벌어졌다. 간단한 몇 가지 질문을 하고 약간 진지하게 경청했을 뿐인데도 이야기들이 쏟아져 나왔다. 하루 종일 수업을 했던 날이어서, 마침내 나는 졸려서 자야겠다고 말했다. 그러나 그들은 나에게 우리가 이런 순간들에 굶주려 있다는 반응을 보였다. 다른 곳에서와 마찬가지로 교회에서도 이렇게 듣는 기회가 없다. 하나님께 귀 기울이기 위해 우리 이웃 가운데로 빈손으로 들어가는 여정에서 우리가 받는 도전은 서로 경청하는 교회 생활을 일구는 것이다. 이웃들과 함께

서로 경청하려면 우리부터 서로 경청하는 교회가 되어야 한다.

경청은 자기 자신보다는 다른 사람에게 주목하는 일을 말한다. 경청은 형식적 역할이나 정해진 기대치라는 안전한 테두리를 넘어, 상대방의 이야기를 하나님이 세상 속에서 하시는 일의 중요한 부분으로 듣는 공간으로 초대한다. 최근에 나는 어느 지도자 그룹과 함께 앉아, 자기네 교회가 동네와 아주 잘 연결되어 있으며 동네 사람들이 교회에 아주 열성적인 것처럼 보이는 이유를 설명 들었다. 케빈이라는 사람이 말했다. "그들의 이야기가 우리 정체성의 일부임을 모두가 알고 있습니다." 그런 다음 멕(Meg)이 내가 결코 잊지 못지 못할 말을 했다. "그들은 자기들이 보인다고 느껴요." 나는 깜짝 놀랐다. 책 한 권 전체로도 포착할 수 없는 그 교회의 삶의 실상을 볼 수 있도록 성령께서 내 눈을 열어 주셨다. 자신의 교회에 대해 "우리의 모습이 보인다고 느끼는 곳"이라고 말할 수 있다는 걸 상상해 보라. 예수님이 동네 가운데 와 계시고, 동네에서 사람들이 여러분의 교회와 관련하여 이런 식으로 느낀다고 말하는 모습을 상상해 보라. '이것이' 예수님을 따라서 함께 이웃에게로 들어가는 것이다.

우리의 교회들은 그 몸이 여전히 헝겊으로 꽁꽁 묶여 있어 실제로 아무도 그를 볼 수 없는 나사로와 매우 흡사하다. 우리는 서로를 보지 않는다. 경청은 서로를 묶인 데서 풀어 주는 방식으로서, 우리 자신을 잊으라고, 해결책이나 정답을 제공하거나 우리의 무지나 취약성을 감출 필요를 제쳐두라고 초대한다. 우리는 자신의 말이 들려야 한다는 필요를 내려놓는 대신 듣는 일을 실천한다. 구체적으로 서로에게 경청하고, 하나님께 경청하며, 이웃에게 경청하고 있다.

서로에게 경청하기: 이야기 나누기

실천에는 수많은 실전 연습이 필요하다. 교회에서 우리의 이야기를 서로서로 나누는 일을 공식적 비공식적으로 실천할 기회와 순간이 많아지기를 원한다. 조직이나 구조나 프로그램 개편이 요구되는 게 아니다. 사람들이 자기 이야기를 나누는 연습을 위해 '강점 탐구'(Apprenciative Inquiry) 질문들이 때때로 도움이 된다.' 다음과 같은 질문들이 멋진 대화의 출발점이 될 수 있다. "이 교회에 처음 나왔을 때 어땠는지 나눠 주실 수 있습니까?" "이 동네에 처음 이사 왔을 때 기억 나시죠? 그때 어떠셨나요?" "이 교회에서 가장 생명력을 얻은 경험이 있었다면 무엇이었습니까?" "이 교회에서 하나님의 임재를 가장 강렬하게 느꼈던 때는 언제였습니까?"

정기 모임이나 그룹에서 함께 모일 때마다 "이번 주에는 하나님이 일하심을 어디에서 볼 수 있었습니까?"와 같은 간단한 질문을 던지면서 실험해 볼 수 있다. 사람들은 처음 이런 질문을 받고 살짝 당황한다. 그들은 교회에서 이런 식의 대화에 익숙하지 않다. 우리는 자신의 삶에서 하나님의 일하심을 자각하도록 부드럽게 초청함으로써 피차의 역량 개발을 도모할 필요가 있다. 단정적이지 않은 개방형 질문을 던지라. "혹시 어느 경우에…그럴 수 있을까요?"라는 말은 약간의 잠정적 가능성을 제공해 주며, 우리가 확신할 수는 없지만 검토하고 알 수 있음을 시사하는 표현이다.

준비하고 있으라. 종종 예상치 못했던 사람들이 전혀 예상치 못한 방식으로 자기들의 얘기를 나눌 것이기 때문이다. 아마도 처음에는 누군가가 잠정적 관찰을 제시하는 순간이 있을 수도 있다. ("바로 어제 가게에서 M 씨를 만났어요. 우리는 대화를 나누기 시작했고 저는 하나님이…이시라는 느낌을 받았습니다.") 사람들은 서로 이야기를 나누면서 누군가가 그 가운데서 하나님을 경험했음을 발견하게 된다. 어느 정도 시간이 지나면, 새로운 방식으로 서로의 이야기를 경청하는 실천 능력이 증대하며, 서로에게서 하나님의 임재를 확인하는 경험이 자리 잡게 된다.

사람들은 프로그램이나 예배 생활에서 어떤 대단한 전환이 있었다고 느낄 필요가 없다. 그들에게 필요한 것은 단순하고 작게 시작하는 것뿐이다. 사람들이 자기들의 이야기를 또는 어디에서 하나님이 일하시는 것을 보았는지를 조금씩 나눌 때, 그룹의 에너지와 기대가 자라난다. 모임의 이 부분에 대한 사람들의 열성과 열망이 더 커질 때, 여러분은 이러한 여는 대화들을 기반으로 다음 단계를 쌓아 나갈 수 있다.[5] 이러한 기본적 실천을 통해, 우리는 교회들이 자기 교회의 함께하는 삶 가운데 하나님이 이미 어떻게 임재하시는지에 대한 자신들의 이야기를 깨닫도록 초대하는 것이다.

하나님께 경청하기: 말씀 가운데 함께 거하기

예수님의 길을 따라 빈손으로 우리 이웃에게로 들어가는 일에서 가장 중요한 것은 하나님의 행하심을 분별하는 것이다. 이를 위해서는 하나님이 무엇을 하고 계실지를 경청하는 훈련이 필요하다. 이는 우리가 서로의 이야기를 경청하는 법을 배울 때 일어난다. 성경은 하나님의 행하심을 경청하는 또 하나의 중요한 통로다. 이러한 경청을 위한 내가 아는 최상의 훈련은, 우리가 미셔널 네트워크(The Missional

Network)에서 자주 사용하는 '말씀 가운데 거하기'(Dwelling in the Word)다.[6] 이것은 성경을 새로운 정보를 주거나 기존의 신념을 확인하는 도구로만 사용하는 게 아니라, 하나님이 성경을 통해 우리에게 말을 건네시게 하는 방식이다. '말씀 가운데 거하기'는 성령을 초대하여 우리 가운데 성경 본문을 살아나게 하셔서 우리로 하여금 하나님께서 하시는 일을 깨닫고 응답할 수 있게 하는 것이다. 이는 본문과 서로서로를 통하여 하나님께 경청하는 훈련이다. 우리가 이러한 훈련을 도입한 곳마다, 사람들은 그 훈련이 얼마나 생명력을 제공하는지를 보고한다.

성경을 안수 받은 자들이나 전문가의 영역으로 보는 대부분의 교회에서 성경은 접근 불가능한 것이 되었다. 반면에 말씀 가운데 거하는 일은 사람들의 일이다. 그것은 기술이 아니라 함께 하나님의 말씀 듣기를 배우는 일이다. 우리 자신의 목소리와 정황들 가운데서 하나님께 경청하는 법을 발견하는 훈련이다. 어떤 이들에게는, 우리 중 어느 누구라도 하나님이 무엇을 하시려는지 판단할 수 있다는 생각이 오만하게 들릴 수 있다. "이는 내 생각이 너희의 생각과 다르며 내 길은 너희의 길과 다름이니라 여호와의 말씀이니라"(사 55:8)라는 성경 말씀이 우리 마음속에 떠오를 수 있다. 물론 이 말씀은 사실이다! 우리는 하나님의 길이 무엇인지를 안다고 주장하지 않는다. 그러나 이는 동전의 한 면일 뿐이다. 우리에게 성경이 주어진 것은 하나님의 말씀을 듣기 위함이다. 이는 성경 읽기가 기독교 역사에서 매우 중요했던 이유이며, 종교개혁 교회들이 성경의 가르침을 그렇게 크게 강조해 왔던 이유다.

하나님은 우리로 하여금 주의를 기울이고 분별하되 겸허하고, 잠정적인 방식으로 그러라고 초청하신다. 우리는 함께 새로운 기술을 배우기 위해서 모인 수련생들 같다. 그리고 훌륭한 수련생에게는 오만할 여지가 전혀 없다. 처음에는 배우는 게 어색할 수 있고, 또 우리가 잘못 이해할 수도 있을 것이다. 그런 일이 여정 전체에서 일어난다. (이스라엘은 홍해를 건넌 다음에 이 사실을 발견했다. 제자들이 이 점을 확실하게 경험한 것은 예수님이 그들을 각자의 길로 파송하셨을 때였다.) 이것이 우리가 혼자서 이러한 경청과 분별을 하려고 시도하지 않는 이유다. 우리는 서로에게 겸손히 순복하면서 교회 공동체 가운데서 살아가기로 헌신한다.

하나님의 보통 사람들[7]은 자신의 정황에서 하나님의 활동을 분별한다. 하나님의 백성이 성경을 통해 하나님께 경청하는 실천을 회복하는 것은 중요하다. 물론 훈련받은 어떤 사람이 성경 어느 본문에 대한 배경 지식을 갖고 있을 때도 있다. 또 이러한 간략하며 적절한 논평을 통해 사람들이 진행하고 있는 사역을 증진시킬 때도 있다. 설교와 가르침의 사역이 사람들로 하여금 말씀 가운데 거하는 능력을 풍성하게 할 수도 있다. 그러나 하나님의 계획과 주도하심이 오로지 지도자들에 의해서만 전달된다는 신화에 도전할 필요가 있다. 그런 내러티브에서는 안수 받은 지도자들이 권위적 지침을 제공하고, 보통 사람들은 바로 그 계획이나 비전에 줄서야 한다. 대신, '말씀 가운데 거하기'는 하나님의 보통 사람들이 그들의 지역 상황에서 하나님의 길에 경청하는 사람이 되는 훈련이다. 이런 일이 더 많이 일어날수록, 자신의 이웃들 가운데서 이러한 경청을 실험하는 일에 더 많은 사람이 확신을 가질 것이다.

'말씀 가운데 거하기'가 주로 지도자들이 하는 일이 아니듯이, 이는 또한 성경 공부 훈련과도 다르다. 성경 공부의 경우, 우리는 어떤 본문의 기본 의미를 파악기 위해서 그 본문을 분석한다. 대개 그런 분석은 연구 안내서와 주석과 교육용 개관서에 기초한다. 그 목표는 본문이 말하려던 바를 명확히 이해하는 것이다. 때로는 그 의미를 우리 삶에 적용할 수 있는 방법을 알려는 것이다. 이는 어떤 공동체에서나 중요한 일이다. 의미와 맥락과 언어와 역사를 제대로 이해하려면 성경의 세계로 들어가는 데 도움이 된다. 그러나 바른 지식과 바른 이해를 획득하는 것이 너무 자주 그 과정의 마지막 목표가 되어 버렸다.

'말씀 가운데 거하기'는 목표가 다른, 따라서 방법도 다른, 다른 종류의 실천이다. '거하기'란 앞에 '앉아 있기'와 '더불어 살아가기'를 말한다. 주석서와 연구 교재들을 활용하기보다는 수용하는 마음으로 본문 앞으로 나아와 기다리는 (혹은 거하는) 것이다.

말씀 가운데 거하는 일은 마치 우리가 주석을 달 듯이 본문을 바르게 이해하려는 필요가 아니라 하나님이 우리에게 어떻게 말씀하시는지를 함께 경청하려는 열망에 의해 인도받는다. 성경 연구가 '우리가 읽는' 방법이라면, 말씀 가운데 거하기는 본문이 '우리를 읽도록' 하는 것이라고 할 수 있다. 확실히, 말씀 가운데 거하기에는 우리가 새로운 실천에 이르는 길을 이해하기보다는 새로운 이해에 이르는 길을 실천하는 일이 수반된다.

'말씀 가운데 거하기'는 경청 단계의 두 번째 요소다.[8] 이것은 교인들의 기대와 실천에 변화를 만들어 내기 위한 것이다. 예수님의 길을 따라 빈손으로 이웃들 속으로 들어가려면, 우리는 우리의 이웃들뿐 아니라 이웃들 가운데 임재하시는 하나님께 경청하는 능력이 필요하다. 말씀 가운데 거하는 것은 "우리는 하나님이 우리 (교회로서) 가운데서 무슨 일을 하시는지 듣고 볼 수 있는가?"라는 질문이 우리를 형성하도록 돕는 단순하고 부드러운 실천이다. 이 질문을 가지고 실천할 때, 우리는 "하나님이 우리 동네에서 무슨 일을 하시는지 듣고 볼 수 있는가?"라고 묻는 실천으로 나아간다. 이 책 전체에서 우리가 논한 상상력의 전환, 즉 교회 중심의 질문에서 하나님 중심의 질문으로의 이동은 이러한 유의 경청에 달려 있다.

우리 동네 가운데서 경청하기

세 번째 요소는 우리 이웃에게 경청하는 것이다. 하나님은 우리 동네 가운데 풍성히 또한 창의적으로 임재하신다. 하나님의 백성으로서 우리가 행하기 원하는 것은, 우리가 동네에 계신 하나님께 참여하기 위해서 그 가운데서 하나님이 하시려는 일이 무엇인지를 경청하는 법을 실천하는 것이다. 만일 여러분이 예수님과 함께 빈손으로 여정에 나서려고 한다면, 동네의 소리에 경청하는 기술을 실천함으로써 시작하라.

　내 경험상 대부분의 교회는 서로의 이야기를 경청하고 또 '말씀 가운데 거하기'에 대해서는 힘이 나고 흥미를 느낀다. 하지만 그들의 동네 가운데서 경청하는 것은 큰 도전이 아닐 수 없다. 스테이시(Stacey)라는 사람이 그 일을 시도했을 때 무슨 일이 벌어졌는지 들어 보라. 그녀는 뉴저지에 있는 어느 성공회 교회의 교인이다. 거기에서 스테이시는 다른 사람들과 함께 서로 경청하고 동네의 필요에 귀 기울이는 실천 방안을 발견해 가는 중이다.

보행자의 관점과 운전자의 관점이 다르다는 것을 알게 되었습니다. 걸을 때는 동네의 일부가 되어, 주변의 냄새와 장면과 소리를 포착합니다. 최근, 세인트 데이비드 교회에서 온 몇몇 친구와 함께 동네를 걸었습니다. 주차장에서 출발하기 전에 우리 교회와 동네를 위해서 기도했습니다. 곧 테리와 메리의 집 앞에 이르러 우리는 걸음을 멈추고 사경을 헤매는 메리의 오빠 리처드와 그의 가족을 위해서 기도했습니다. 그 길을 따라서 좀더 걸어 고등학교와 중학교와 초등학교로 에워싸인 곳에서 우리는 다시 기도했습니다. 이번에는 우리 지역 사회의 자녀들과 그들을 지도하고 가르치며 보살펴 주는 분들을 위해 기도했습니다. 고등학교 부지를 가로질러 시청 앞에 이르러서는 지역 사회와 지도자들을 위해서 기도했습니다. 그리고 동물 보호소와 재활용 센터에 도착해서 하나님의 피조물들과 모든 창조 세계를 위해서 기도했습니다.

전에는 제가 이런 식으로 걸어 본 적이 전혀 없었습니다. 그날, 우리는 동네와 함께했습니다. 이 실천을 통해서 제 눈에는 제가 사는 동네가 들어오기 시작했습니다. 넘겨짚었던 생각들이 점점 사라지게 되었습니다. 동네를 다르게 보았다기보다는 사실상 처음 보게 되었다는 말입니다. 안락한 차나 거실에 머문 채 동네로 들어갈 수는 없습니다. 저는 저의 안전지대와 갑옷에서 벗어나야 했습니다.

제가 말하려는 내용이 무엇인지 잘 보여 주는 이야기가 하나 있습니다. 아이린과 저는 서로 길모퉁이에 접한 집에서 삽니다. 우리는 같은 교회를 다녔는데, 같은 교회에 다닌 지 4년이나 지나서야 같은 동네에서 살고 있다는 사실을 깨달았습니다. 어느 날 우리는 지역에 있는 호수 주위를 산책하기로 했습니다. 7월 5일이었습니다. 차를 몰고 호수로 가는 길에 어떤 행사가 진행되고 있었습니다. 어린 자녀들을 데리고 온 가족들이 북적거렸습니다. 모두가 7월 4일 독립기념일에 맞춰 **빨간색, 하얀색, 파란색**으로 된 옷을 입고 있었습니다. 자전거 타는 아이들, 세 발 자전거 타는 꼬마들, 유모차에 탄 갓난아기들이 있었습니다. 목줄을 맨 개들도 있었습니다. 많은 사람이 성조기를 흔들고 있었습니다. 소방차 사이렌 소리가 들렸는데, 마침 가두 행진이 있는 것 같았습니다. 우리는 그 뒤를 따라가기로 했습니다. 잠시 후 어느 길모퉁이에 도착했는데, 한 무리의 이웃이 모여 있었습니다. 대부분 목줄을 한 개들을 데리고 있었고, 음식 접시를 나눠 주는 사람도 있었습니다. 우리는 발걸음을 멈추고 도대체 무슨 일인지 묻자, 그들은 호수 주변에서 벌어지는 독립기념일 기념 연례 가두 행진이라고 말해 주었습니다. 듣자 하니, 매년 7월 4일 즈음에는 소방차를 따라 호수 주위를 돌아 호숫가에 이르기까지 가족들이 가두 행진을 하고, 호숫가에서는 하루 종일 여러 의식과 행사가 벌어졌던 것입니다. 헐! 10년 동안 이 동네에서 살았지만 이런 일이 있는 줄 전혀 몰랐다니!

가두 행진을 계속 따라가면서, 애들과 제가 이 동네에 이사 와서 살기가 얼마나 힘들었는지 아이린에게 말했습니다. 초등학교 3학년짜리와 5학년짜리가 있는 싱글맘으로서 홀로 고립되어 있다고 느꼈습니다. 애들 축구 경기나 학교 음악회나 여름철 호숫가에 가 보았지만, 부모들 중 제게 말 거는 사람이 아무도 없었습니다. 애들이 유치원 다닐 때 그 부모들을 만나 친분을 쌓지 못해서 '기회를 놓쳤다'고 느꼈습니다. 아이린에게 제가 얼마나 큰 상처를 받았는지 그리고 그 상처는 여전하다고 말했습니다. 한 번도 지역 사회에 진짜로 속한다고 느낀 적이 없었기 때문입니다. 내 얘기를 다 끝냈을 무렵, 우리는 또 다른 모통이에 도달했고, 거기서 어느 집 앞의 차량 출입로에 모여 있는 한 무리의 사람을 보았습니다. 그들은 커피와 주스와 도넛을 테이블 위에 차려 놓았습니다. 저마다 독립기념일에 어울리는 옷차림을 하고 있었습니다. 성조기가 나부끼고 음악이 연주되고 있었습니다. 나중에 알게 된 것은, 이 동네 사람들은 매년 모여 독립기념일을 축하하고 호숫가까지 이어지는 자유분방한 가두 행진을 구경한다는 것입니다. 아이린은 몇몇 사람을 알아보곤 저를 소개해 주었습니다. 저는 곧바로 그곳에 모인 사람들을 다 만났고, 아이린은 이 마을에서 무척 외로웠다는 제 이야기를 해 줬습니다. 몇몇 사람이 제가 겪은 일에 대해 사과했습니다. 저는 그 그룹에게 환영받았고, 우리는 한 시간 가량 그 사람들과 함께 어울리면서 즐겁게 지냈습니다. 우리가 나오려 하자, 그들은 저녁마다 호숫가에서 석양을 함께 보자고 초대했습니다. 그들은 거의 매일 밤 나와 제가 오기를 기다리겠다고 말했습니다. 그날 우리 동네 가운데서 하나님이 무슨 일을 하셨다는 생각이 드십니까?

많은 사람들이 자신에게도 스테이시가 처음에 느꼈던 소외의 경험이 있다고 말한다. 그러나 언제나 그렇지는 않았다. 얼마 전까지도 동네는 사회생활의 일차 장소였다. 삶이 좀 꼬일 때면, 약속을 지키거나 동네 잡화점에 물건을 사러 다녀오는 동안 옆집 이웃에게 자녀들을 봐 달라고 부탁하는 게 얼마 전까지만 해도 가능했다. 감자나 밀가루가 떨어지면 이웃에게 빌리던 일이 꽤 일상적이었다. 그 시절은 여러 곳에서 사라졌다. 최근에 자신의 가족과 함께 저녁 식사나 하자며 나를 초대한 한 목회자와 함께 어느 대도시를 방문했다. 그녀의 타운하우스 단지로 들어간 우리 차는 양쪽 타운하우스 사이로

난 좁은 차로로 들어섰다. 차로 양편으로는 차고 문들이 주욱 늘어서 있었다. 우리 차가 다가가자 차고들 가운데 하나가 열렸고, 우리가 그 차고 안으로 들어가자 차고 문은 자동으로 닫혔다. 단지의 디자인과 건물 자체로 보아, 나는 나를 초대해 준 목사와 그녀의 가족이 단지 안에 사는 다른 사람들과는 우연히라도 마주칠 일이 거의 없음을 알았다. 그렇게 건설된 공간에서 이웃에게 다가간다는 건 이상하거나 분위기에 어긋나는 일일 것이었다. 우리가 이웃들을 거의 모르고, 그들과 일상적 접촉조차 거의 하지 않는다는 것을 알기란 쉽다.

사회 연구가 마크 던켈만(Marc Dunkelman)은 1960년대 이후 북미의 '사회 건축 양식'(social architecture)이 뒤집어지고 급격히 변모했다고 쓴다. 그는 우리가 구축한 환경 속에서 살아가고 서로 관계 맺는 방식들을 언급한다. 대부분의 사람들은 "기술과 이해 관계도 다르고 관심사와 가치도 전혀 다르지만 이웃과 협력하며 공동선을 추구하는" 차이의 공동체(communities of difference)에 속했다.[9] 1950년대와 1990년대 사이 언제쯤인가, 우리가 매일매일 서로 거래하는 방식과 삶의 기본적 습관들은 우리 중 대부분이 더 이상 동네 사람들과 일면식도 교류도 없는 지경으로 뒤집혀 버렸다. 우리는 어떤 식으로든 우리와는 다른 사람들과 함께하는 복잡한 일상에 더 이상 참여하지 않는다. 로버트 벨라(Robert Bellah)는 『마음의 습관』(Habits of the Heart)이라는 책에서 1980년대에 이런 변화를 암시했다. 이 책에서 그의 팀은 지역 주민 및 장소와 관련해서 형성된 정체성이 길 건너 집이나 옆집이나 위층 집에 사는 다른 사람들을 외면하는 개인주의가 더 심화되는 방향으로 진행된 변화를 서술했다.[10] 그런 변화 덕택에, 우리는 새로운 사회 건축 양식을 발전시켰다. 앞에서 말한 타운하우스나 뒤뜰에 담장이 쳐지고 거리와는 거의 연결되지 않은 '단독 주택'과 같은 건물들을 건축하기 시작했다. 새로운 분리가 우리가 집이라 부르는 벽돌과 목재 구조물에 내장되었다.

던켈만은 '이웃 됨'(neighborliness)에 대한 우리의 이해가 어떻게 변모했는지를 묘사하는 놀라운 평가서를 내놓았다.

2000년대 중반에 하버드 의과 대학의 교수였던 두 정신과 전문의 재클린 올즈(Jacqueline Olds)와 리처드 슈워츠(Richard Schwartz)는 '이웃 됨'에 대한 정의가 몇십 년을 지나면서 극적으로 변모했음을 지적했다. 전후 초기 시절만해도 이웃이 된다는 것은 길 건너 집에 이사 온 가정에게 집에서 구운 과자를 가지고 가거나, 위급한 상황에 처한 아기들을 돌봐 주겠다고 제안하거나, 매년 한 차례 열리는 동네잔치에 나가서 인사하거나, 수요일 밤 볼링 대회에 참석해 달라고 지인들을 초대하는 등 이웃에 사는 사람들에게 다가가는 것을 의미했다. 그러나 세월이 흐르면서 그 말은 거의 정확하게 반대를 가리키게 되었다. 오늘날에는 '이웃이 된다는 것'은 당신 주위에 살고 있는 사람들을 조용히 지내도록 상관하지 않는 것을 의미한다.[11]

예수님의 길을 따라 동네 이웃들에게로 들어가는 여정은 참으로 대항 문화적이다. 교회의 여타 업무 목록에 추가시키기에는 그리 유쾌한 프로젝트가 아니다. 우리는 교회의 자기 이해와 실천의 변화를 말하는 것이다.

과거 우리 교회의 대다수가 형성되던 시절에는, 교인들이 대체로 예배당이 있는 한 동네에서 살았다(물론 '예배당'이 '교회'라는 말과 동의

어였다). 당시에는 교회와 동네가 유기적이고 일정하게 연결되어 있었다. 세월이 흐르면서 모든 게 변했다. 심지어 '교구'로 교회를 묘사하는 신앙 공동체들의 경우도 마찬가지였다. 제2차 세계대전이 끝나면서, 많은 사람들이 그들 자신과 부모들이 여러 세대에 걸쳐 고향이라 불렀던 지역 사회에서 이탈하게 되었다. 그들은 대륙을 가로지르며 뻗어 나가는 새로운 주간(州間) 고속도로를 따라 주택 단지를 세웠다.

처음에는 이 가족들이 차를 몰고 교회(예배당)로 돌아와 친숙한 옛날 교인들과의 관계를 계속 유지했다. 시간이 지나면서, 새로운 사람들이 원래 동네로 이사 오게 되자, 이사 나간 사람들과 교회와의 연결이 끊어졌다. 새로 이사 온 사람들은 인종, 종족, 경제, 정치 등 여러 면에서 달랐다. 교회는 하던 방식을 계속 고수했지만, '자녀들'은 더 이상 오지 않았다. 그들은 성장해서 직장을 잡고 자신의 가정을 이루었으며, 옛 교회에서 훨씬 더 떨어진 곳으로 가 보금자리를 틀었다. 교회는 같은 생각과 비슷한 외모를 지닌 사람들이 모인 고립된 소수 집단이 되었다. 그들은 동일한 사회·경제·언어 세계 안에 사는 친목 집단들로, 점점 노령화되어 가면서 지금은 그 동네를 '자기 동네, 자기 터전'이라고 부르는 사람들에게서 더욱더 분리되고 있다.

동네로 들어가서 경청하라는 성령의 부르심은 많은 교회 공동체들에게 진짜 도전이다. 보고 생각하고 행동하는 방식이 원래 교인과 같은 사람들을 섬기는 친목 집단 이상으로 교회를 새롭게 상상하기란 굉장히 힘든 일이다.

우리가 사는 동네 안에서 경청하기는 잃어버린 기술이기 때문에, 처음에는 어색하게 느껴질 것이다. 우리가 현재 살고 있는 동네에 이사 왔을 때, 나는 사람들을 알기 위해서 동네 커피숍에서 시간을 보내기 시작했다. 어색하고 기분이 이상했다. 나는 이전에 살던 동네와 친숙한 장소들로 돌아가고 싶었다. 그런 일은 새로운 실천을 시작할 때 언제나 발생한다. 그래서 우리는 천천히 단순하게 시작해야 한다. 사람들이 긴장을 풀기 시작하고 자신도 모르게 마음을 열고 즐거워하는 모습은 정말 놀랍다. 지난 2년 반에 걸쳐서 우리는 동네에 살면서 어슬렁거리다 이곳저곳에 들러 시간을 보냈고, 그러면서 거리에서 만나는 사람들과 거리의 독특한 역사에 대해 멋진 이야기들을 배웠다. 여러분도 그렇게 할 수 있다. 이 책의 135쪽에 나오는 '실천 지침 2'는 교회가 자신이 속한 동네에서 경청하기를 시작할 수 있는 여러 방법을 제시한다.

○○○

우리의 여정을 시작하는 세 가지 요소에는 서로에게, 하나님께, 이웃에게 경청하기가 있다. 경청 자체가 중요한 게 아니라, 경청을 통해서 관찰하고 발견하고 듣는 이야기들을 사람들이 계속해서 나누는 방법들이 중요하다. 더욱이 이런 이야기들을 나누는 가운데서 우리는 서로에게 계속해서 하나님이 우리보다 앞서 일하시는 것을 볼 수 있는 곳들을 말해 달라고 요청한다. 이렇게 계속 경청하고 이야기들을 나누고 성찰하는 과정이 쌓여 가면, 예수님의 제자로서 자기 동네로 빈손으로 들어가는 참신한 방법들을 상상할 수 있는 환경이 조성되기 시작한다.

실천 지침 1-말씀 가운데 거하기

옛날부터 해 오던 실천에 근거한 이 간단한 훈련을 모임 때마다 처음 20-30분 동안 사7 용할 수 있다.

'미셔널 네트워크'에서 우리가 추천하는 구체적인 본문은 누가복음 10:1-12이다. [참고. 누가복음/사도행전의 맥락에서 이 본문을 설명한 나의 책 『미셔널: 이웃 속으로 들어가 하나님께 참여하라』(*Missional: Joining God in the Neighborhood*).] 우리는 이 본문이 우리 가운데 많은 사람이 지역 교회에서 하나님의 백성으로서 원하는 바, 즉 그들의 동네와 지역 사회들을 하나님이 살아 역사하시는 장소로 바라보는 남성과 여성들의 운동을 불러일으키는 일을 표현한다고 믿는다. 우리는 북미 전역에 걸쳐 누가복음 10장 운동을 계발하기 위해 노력하고 있다.

여러분이 다른 사람들과 함께 이 본문 가운데 거할 때, 우리는 성령이 어떻게 여러분에게 같은 방식으로 여러분이 사는 동네에 들어가도록 권면하는지 자문하게 되기를 기도한다.

'말씀 가운데 거하기'는 다음과 같이 진행할 수 있다.

- 모든 사람에게 누가복음 10:1-12 말씀을 제공한다. 두 사람(남/녀)에게 본문을 큰 소리로 두 차례 읽게 한다. 첫 번째로 읽은 후에, 사람들에게 다음과 같은 질문을 염두에 두면서 성령께 마음을 열라고 요청한다.

    ○ 이 본문을 두 번째로 읽을 때 어느 부분에서 멈추겠는가?

◦ 당신의 마음을 사로잡은 단어나 어구나 개념이 있는가?
  ◦ 신약학자에게 묻고 싶은 질문이 있는가?

- 두 번째로 읽은 후에, 위 질문들을 깊이 생각해 보라고 요청한다.
- 몇 분 동안 침묵하는 시간을 가진 뒤, 그 방에서 잘 모르는 사람이나 함께 오지 않은 사람과 짝을 이루어 편히 앉도록 한다.
- 상대방에게 2분 정도 시간을 주고, 상대방이 본문 어느 부분에서 멈추었는지 그리고 질문들 가운데 하나에 어떻게 대답했는지를 경청한다.
- 2분 후에 순서를 바꾸어서 상대방의 말을 경청한다. 목적은 상대방이 무슨 말을 하는지를 집중해서 경청하는 것이다. 상대방이 무슨 말을 하는지 이해하기 위해 한두 번 질문하고 싶겠지만, 여기에서 관심의 초점은 상대방이 한 말을 주의 깊게 경청하는 과정임을 명심하라.
- 4-5분 후에 다시 그룹 전체로 모인다. 인도자는 사람들에게 자기 짝이 무슨 말을 했는지 들은 대로 얘기하라고 요청할 것이다. 상대방이 본문 어느 부분에서 멈추었고 그 이유는 무엇인가? 상대방은 하나님의 말씀을 어떻게 들었는가? 새로운 통찰이나 질문이 나왔는가? 여기에서 당신의 역할은 상대방이 당신에게 나눈 말 그대로를 보고하는 것임을 다시 명심하라. 상대방의 말에 집중하고, 상대방이 한 말을 그대로 보고하는 게 중요하다. 당신의 짝이 무슨 말을 할지를 지레 짐작하고 경청을 멈추거나 말허리를 자르고 당신 자신의 통찰을 제시하려는 유혹에 저항하라.
- 막바지에 이르러, 본문을 통해 성령께서 그들에게 말씀하신 구체적

인 방식이 있는지를 간단히 물어보라.
- 마지막으로, 전체에게 "우리의 동네와 지역 사회 가운데서 누가 복음 10장을 실천하라는 하나님의 부르심을 우리가 어떤 식으로 듣고 있는가?"라고 물으라.

실천 지침 2-경청하기

자신이 사는 지역의 이웃을 새롭게 발견하고 경청하는 간단한 몇 가지 방법에 참여하도록 여러분을 초청한다. 사람들은 "왜 우리가 동네 이웃에게 경청해야 하느냐?"라며 의아해 한다. 다음 네 가지 이유가 있다.

1. 대부분의 교회는 동네에 세워져 있으며, 교회가 세워진 동네를 위해서 존재하도록 설계되었다.
2. 사회는 계속 변천했으며, 사람들이 교회에 나오는 게 더 이상 정상적이거나 자연스럽지 않다. 교회가 하는 일들은 흔히 교회 바깥에 있는 사람들에게 흥밋거리가 아니다. 그래서 교회를 좀 더 매력적으로 만들려는 시도를 한다 해도 사람들이 교회로 오지 않을 것이다.
3. 사람들이 우리 교회로 올 것을 기대하는 대신, 우리가 그들이 있는 곳으로 들어갈 필요가 있다.
4. 우리는 하나님이 우리의 동네와 지역 사회에서 무슨 일을 하시는지 알아보고 그 일에 참여할 방법을 배울 필요가 있다. 하나님의 본성은 우리가 있는 곳에서 우리와 함께하시는 것이며, 우리는 하나님이 우리와 함께하시듯이 다른 사람들이 있는 곳으로 가서 그들과 함께하라고 초대받았다.

우리 동네 이웃들에게 경청하는 것이 이 여정에서 왜 중요한 부분인가에 대한 질문들에 답하는 데는 다음 영상이 도움이 될 것이다.

여러분의 교회에서 이 영상을 마음껏 자유롭게 사용하기 바란다.
http://vimeo.com/77079681

다음은 여러분의 이웃들에게 경청하는 법을 배우는 데 도움을 줄 수 있는 몇 가지 간단한 도구다.

1. 여러분이 살고 있는 동네의 지도를 그리라

- 여러분이 헬기를 타고 여러분의 동네를 내려다보고 있다고 상상해 보라.
- 떠오르는 것들을 스케치하라.
- 동네 한가운데는 무엇이 있는가? 이 이미지를 그려라.
- 동네에 있는 상점이나 공원이나 학교를 표시하라.
- 표시하고 싶은 다른 주요 장소는 무엇인가? 다른 종교 단체의 건물이나 사업체나 소방서나 경찰서 등을 표시하라.
- 지도에 사람들이 모이는 장소들을 표시하라.
- 동네에서 여러분이 즐겨 가는 장소를 표시하라. 왜 이 장소를 선택하는지 생각하라.
- 동네에서 가장 가기 싫은 장소를 표시하라. 왜 이 장소를 선택했는지 생각하라.
- 여러분의 동네에 있는 주요 경계들, 예를 들어 강이나 숲이나 산이나 언덕과 같은 자연 지형들이나 기찻길이나 고속 도로나 교각과 같은 사람이 건설한 경계들의 목록을 작성하라.
- 여러분의 동네에 누가 살고 있는가? 어떤 집단의 사람들이 모여

사는 구역들이 있는가?
- 여러분이 알고 있는 이웃 사람들의 이름을 적으라. 그리고 그들이 어디에 살고 있는지 지도에 표시하라.
- 동네 사람들에 대해서 여러분이 알고 있는 이야기는 무엇이 있는가?

2. 여러분의 동네에서 경청하기

드디어 일주일에 서너 번씩 동네를 돌아다니는 것을 목표로 삼으라. 이른 아침, 이른 오후, 늦은 오후, 이른 저녁 식으로 하루 중 다른 시간대를 선택하라. 깊이 생각해 볼 질문은 다음과 같다.

- 여러분의 동네는 어떤 모습인가? (건물, 공원, 아파트 등)
- 시간대별로 사람이나 그룹이나 사건이나 모임이 다른가?
- 이 지역 사회는 시간대별로 어떤 모습인가?
    - 아침 7시에는?
    - 정오에는?
    - 저녁 6시에는?
    - 밤 10시에는?
- 거리에는 누가 있는가?
- 사람들은 무엇을 하고 있는가?
- 깜짝 놀랄 만한 일이 있는가?
- 호기심을 일으키는 일은 무엇인가?
- 관심이나 궁금증을 유발하는 일은 무엇인가?

- 더 묻고 싶거나 더 알아보고 싶을 정도로 주목을 끄는 일이 있는가?

대략 45분 정도 산책하면서 이러한 관찰 질문들을 던져 보라. 여러분이 관찰한 것을 그 지역에 대한 인구 조사나 그 동네의 역사와 현재에 대해 잘 알고 있는 사람들과 나눈 대화와 연결해 보라.

- 어떤 종류의 주택들이 세워졌는가? 여러분의 동네에는 왜 그런 식으로 주택들이 세워졌는가?
- 동네가 개발된지 얼마나 오래되었는가?
- 본토박이들이 아직도 여기에 살고 있는가? 아니라면 그들은 어디로, 왜 떠나갔는가?
- 여기에는 어떤 부류의 사람이 살고 있는가? 그들은 어디서 왔고 얼마나 오래 되었는가?
- 보이지 않는 사람은 누구인가? 이유는 무엇인가?
- 지역 사회에서 불화와 긴장이 발생하는 지점은 어디인가? 불화는 어떻게 다루어지고 있는가?
- 소통은 어떻게 일어나는가? 교회가 기여할 대목은 어디인가(그럴 수 있다면)?
- 일차 기관과 시설들에서는 이 지역에 대해서 무엇을 말해 주는가?
- 지역 사회에서 연결과 가교 역할을 하는 개인들은 누구인가?
- 동네에서 여러분이 알고 있는 사람은 누구인가? 이 특정한 사람들을 알게 된 이유는 무엇인가? 그 사람들이 특별한 이유는

무엇인가? 그 사람들에 대해서 어떤 이야기를 말할 수 있는가?
- 동네를 개선하기 위해서 해야 할 일 세 가지는 무엇인가?

동네 이웃에게 '경청'할 때에는 여러분의 모든 감각을 사용하라.

- 무엇을 보고 무엇을 보지 못하고 있는가?
- 무슨 냄새를 맡고 무슨 냄새를 맡지 못하고 있는가?
- 무슨 소리를 듣고 무슨 소리를 듣지 못하는가?
- 무엇을 느끼고 무엇을 느끼지 못하는가?
- 이러한 것들이 여러분에게 어떤 영향을 주었는가?
- 걷다가 누군가의 말을 듣기 위해서 멈춘 적이 있는가?

여러분의 지역 사회에서 사람들이 모이고 연결하는 방식들에 주목하라.

- 젊은 부모들이 모이는 공간이 있을 것이다. 그들이 무슨 얘기를 하고 있는가? 여러분이 그들 틈에 낄 수도 있을 것이다.
- 노인들에게는 정기적으로 모여 대화를 나누는 장소가 있다. 그들은 개방적이며, 다른 사람들이 찾아와서 자신들의 이야기를 경청해 주기를 열망한다. 노인들은 무슨 이야기를 나누는가?
- 10대와 젊은층은 종종 (페이스북이나 인스타그램, 트위터 등과 같은) 문자 메시지나 소셜미디어를 통해서 의사소통한다. 여러분이 그 대화에 어떻게 참여할 수 있는가? 이 세대가 다루는 쟁점들과 주제들은 무엇인가?
- 지역 모임이 이루어지는 장소는 그 지역 어디인가? 누가 모이는

가? 때때로 그런 모임에 들어가서 함께 시간을 보내려면 어떻게 해야 하는가?
- 어떤 지역 상점들이 가장 장사가 잘 되는가? 무슨 일이 벌어지고 있는가?
- 매일 아침 버스 정류장에는 누가 나와 있는가?
- 사람들이 모이는 클럽이나 체육관, 주민 회관, 여타 장소들은 어디에 있는가?

경청에 대한 정리

- 나는 동네 이웃에 대해 무엇을 배우고 있는가?
- 나는 이웃과의 관계에 대해 무엇을 배우고 있는가?
- 나는 이웃과 내가 속한 교회의 관계에 대해 무엇을 배우고 있는가?

7장

실천 2-분별하기

성령과 우리는…옳은 줄 알았노니…(행 15:28).

이 여정의 다음 실천은 분별(discernment)이다. 교회의 소명은, 그들의 이웃 가운데 계시는 하나님과 동행하라는 성령의 지속적인 초청을 분별하는 것이다. 만일 6장에서 설명한 경청을 실천한다면, 풍부한 경험이 생길 것이다. 분별은 그 경험들을 중심으로 이루어진다.

분별은 교회들에게 두려울 수도 식상할 수도 있는 엄청 부담스런 단어다. 분별은 참으로 하나님을 우리의 대화와 행동의 중심으로 다시 모셔 오는 일에 관한 것이다. 이는 교회가 그들의 동네 가운데 계시는 하나님과 동행할 구체적인 길들을 확인할 능력을 개발하는 실천이다. 분별은 동네를 분석한 다음 그와 연관된 몇 가지 필요를 어떻게 채워 줄 수 있을지를 결정하는 것과는 다르다. 그러한 조사와 대처가 잘못된 것도, 다른 사람들을 돕는 것이 기독교적 행동으로서 부적절한 것도 아니다. 분별은 그저 여러분이 속한 동네를 다른 방식으로 바라보고 함께하는 것이다.

첫째, 분별은 하나님이 이미 동네 가운데서 활동하고 계시다고 전제한다. 둘째, 분별은 우리 귀로 듣고 우리 눈으로 봄으로써 하나님이 어디에서 일하시는가에 대한 실마리를 얻을 수 있다고 전제한다. 셋째, 분별은 성령께서 일하실 수 있는 자리와 사람을 보고 놀라며 기꺼이 받아들이는 자세에 달려 있다. 넷째, 분별은 평가를 위한 사전 전략 없이 현장에 임할 것을 요구한다.

분별은 성령이 이미 우리보다 앞서 계시다는 확신을 실천에 옮기는 방식이다. 이 말이 맞다면, 우리의 공동 작업에는 성령이 우리에게 말씀하시는 것을 경청하는 방식을 발견하는 일이 포함된다. 분별은 "우리 동네 어디에서 하나님을 볼 수 있으며, 어떻게 그곳에서 일하시는 하나님과 동행할 수 있는가?"라는 질문을 던진다.

분별에 대한 도전들

이 실천을 발전시킴에 있어 난관은 교회가 매우 다른 방식으로 작동하도록 사회화되어 왔다는 점이다. 분별의 실천을 어렵게 하는 전제들은 다음과 같다.

교회는 분별의 실천과는 반대 방향으로 조직되어 있다.
교인들은 정해진 의사 진행 규칙에 따라 안건을 처리하는 비즈니스 회의, 교재가 주어진 소그룹 모임, 혹은 교회 안에서 그리고 사람에 따라 할 수 있는 일과 할 수 없는 일을 결정해 주는 교회법과 준칙들을 더 편하게 여기도록 사회화되어 왔다. 이런 관행들은 나름의 역할이 있지만, 함께 하나님께 경청하고 "성령께서 우리에게 무엇이라 말씀하시는 것 같은가?"와 같은 분별의 질문들을 묻는 실천을 밀어내 버렸다. 그런 질문들은 더 이상 구체적이거나 실질적으로 느껴지지 않고, 우리의 하나님 백성 됨에 대한 기성 방식들에서 벗어나 있다고 느껴진다.

안수직을 분별하기 위한 정해진 절차를 제외하고는, 교회는 더 이상 분별을 실천하도록 조직되어 있지 않다는 것이 핵심이다. 이웃 됨에 대한 생각이 원래 의도와 정반대가 되어 버렸듯이, 어떻게 한 교회가 하나님의 목적들을 경청하고 분별하느냐에 대한 이해 또한 극적으로 뒤집혀 버렸다. 여기서 말하는 종류의 분별은 거의 주목받지 않고 있다. 우리의 기본 복원 모드는 의사 진행 규칙, 회의, 준칙 등이 하나님이 우리에게 원하시는 바가 무엇인지를 아는 일차적이고 구체적인 방법이라는 신념을 반영한다. 분별은 이상하고 순진한 전망처럼 보일 수 있다.

교회는 분별을 '영적' 소수의 개인적인 일로 본다.
나는 우리의 작은 교회가 모이던 거실에서 나눈 한 대화를 엿들은 적이 있다. 앤디는 성경을 경청하는 새로운 방식으로 '말씀 가운데 거하기' 소개를 훌륭히 소화했다. "이 본문 어디에서 하나님이 우리에게 말씀하신다고 느끼십니까?"라는 질문에 사람들이 대답하기 시작하자, 몇몇은 답할 자격이 안 된다고 느끼고 있음이 분명했다. 그들은 분별이 일요일 아침 그 방에 앉아 있는 평범한 생활인이 아니라 특별한 '영적' 사람들의 일이라고 생각했다. 또한 직분자로 임명받을 후보자를 돕는 분별 위원회의 작업을 제외하고, 일반적으로 분별은 우리가 함께 수행하는 공동의 실천이 아니라 내면에서 일어나는 사적이고 명상적인 행위로 이해된다.

동네 가운데서 예수님의 길을 실천하는 사람을 형성하고자 할 때 이러한 도전들을 명심하는 것이 지혜롭다. 공동체적 분별을 실천하는 일, 즉 경청을 실천하는 가운데 하나님이 어디에서 어떻게 임재하시는가를 묻는 법을 배우는 일은 예수님과 함께하는 이 여정에서 매우 중요하다.

분별의 기본

경청에서 분별로 넘어가면서, 다음과 같은 질문들을 던지며 시작하라.

- 우리가 지금 하고 있는 경청에 근거할 때, 동네에서 하나님과 동행하라고 성령께서 우리를 초청하시는 곳은 어디인 것 같습니까?
- 성령이 우리를 초청하신다는 이 인식을 점검할 수 있는 구체적 단계들이 있습니까?

처음에는 이런 질문들이 어리둥절하게 느껴질 수 있다. 흔히 동네에서 무슨 일이 일어나는지를 살펴보고 프로젝트나 프로그램으로 대처하자는 반응이 나올 것이다. 그러나 우리가 원하는 것은 새로운 실천을 계발하는 것이다. 좋은 일들이 많이 일어나는 가운데 하나님이 하시는 일이 무엇일지를 '보는' 법을 배우는 것이다. 우리는 예수님의 길을 따르는 제자로서, 우리보다 앞서 동네 가운데 하나님이 계신 곳을 볼 수 있는 안목을 어떻게 개발해야 하는지를 배우고 있다.

분별의 공식 같은 것은 없다. 분별은 다음과 같은 순간과 활동 가운데 일어난다.

- 서로의 이야기를 경청할 때
- 함께 기도할 때
- 말씀 가운데 거할 때
- 함께 침묵할 때
- 함께 예배할 때

이 모두는 교회가 동네 가운데서 경청에 참여하는 중에 어디에서 성령의 이끄심을 느낄 수 있는지를 잠정적으로 제시하는 데 도움이 된다.

분별은 그 본질상 잠정적이 될 것이다. 분별은 다음과 같은 진술의 형태를 띤다.

- "어렴풋하게…라는 느낌이 들어요."
- "이곳이 바로 성령이 제게…해 보라고 넌지시 찔러주시는 곳이 아닐까 하는 생각이 듭니다."
- "우리 동네에서 새로 온 이 사람들을 처음 봤는데, 진짜…하고 싶어요."
- "오랫동안…해야 하지 않을까 하는 의식이 있었어요."

예시문에는 확실한 것도 보장된 단계도 없다. 그러나 성령께서 우리를 부르시는 곳이 어디인지 실험해 보고 싶은 곳이 있다는 잠정적 의식이 드러나 있다. 하나님이 우리를 부르고 계실 자리를 그렇게 점검하고 실천하는 일은 하나님이 평범하고 구체적인 삶의 일상성 가운데서 뭔가를 하신다는 확신에서 나온다. 이러한 기독교 공동체의 핵심적 실천 없이 우리가 지역 사회로 가지고 들어갈 것은 아무것도 없다.

'실천 지침 3'은 함께 분별을 실천할 방안을 개발하기 위하여 교회가 참여할 수 있는 몇 가지 간단한 활동을 제공한다. 이 활동들은 '실천 지침 1과 2'에서 발전된 실천들에 기초해 있다. 이 활동들은 서로 서로와 하나님과 우리 이웃들에게 경청하는 중요한 초기 작업과 분리되지 않아야 한다.

실천 지침 3 – 분별 모임

이미 시도했던 경청의 실천을 사용해서, 최소한 네 차례 정도 함께 모일 '분별 팀'을 구성하라. 이 모임의 흐름은 상당히 단순해야 한다. 다음 제안은 모임에서 다룰 사안에 대한 개관이다. 식탁에 둘러앉아 함께 기도하고 먹고 일하기에 이상적인 두 시간짜리 저녁 모임을 기준으로 삼았다.

모임에 앞서, 모든 사람이 다음 도표의 질문에 대답하도록 하라.

분별을 위해서: 우리가 보기에 우리 동네에서 하나님이 일하고 계신 곳은 어디인가?	
질문 1 동네에서 경청하면서, 여러분의 눈길을 끌고 상상력을 자극했던 장소나 물건이나 순간이나 기타 관련 사항을 열거하라.	
질문 2 '질문 1'에 대한 여러분이 답변과 관련하여, 어째서 그것들이 여러분의 눈길을 끌었는지 설명하는 데 도움이 될 만한 이야기나 이미지 혹은 대화가 있는가?	
질문 3 어째서 이러한 특정한 것들이 여러분의 눈길을 끌었는지에 대해 잠깐 나누라.	
질문 4 어째서 성령이 여러분을 이러한 방향으로 진행하도록 찔러주신다고 생각하는지 간단한 문장으로 써라.	

방금 한 작업은 모두에게 첫 모임에서 잠정적 반응이라도 나눠 달라는 초청임을 알려 준다.

모임 1

- 모이기   15분
- 다음 질문을 중심으로 나누기   20분
  "이번 주에 내 삶이나 동네 어디에서 하나님을 보았습니까?"
- 말씀 가운데 거하기: 누가복음 10:1-12   30분
- '분별 도표'에 대한 대답 나누기   45분
- 함께 나눈 모든 것을 위해 기도하고 마무리하기   10분

모임 1과 모임 2 사이

첫 번째 모임과 두 번째 모임 사이에 다음 활동을 하기로 동의하라.

1. '분별 도표'에 적은 사람들의 대답을 중심으로 서로를 위해 기도하라.
2. 다음과 같이 기도함으로 매일 자신의 반응을 되돌아보아라.

- 주기도문으로 기도하라.
- 1분 이상 침묵의 시간을 가지라.
- 다음 기도문으로 기도하라.

주 하나님, 주께서 저를 사랑하시며, 저를 주님 백성의 일부가 되도록 부르셨음을 제가 압니다. 주께서 지금 저를 만들어 나가기 원하시는 길들에 대해 경청하며 듣기를 원합니다. 우리가 함께 동네와 이웃의 소리를 경청할 때 제가 취해야 할 다음 단계를 확인시켜 주십시오. 제 앞에 놓여 있는 선택 사항들을 살펴볼 때, 제 그룹에 있는 다른 사람들을 통해서 주께 경청하고, 제

마음 깊은 곳에 있는 것에 주목할 수 있게 도와주십시오. 이러한 방식으로 제가 주님과 제 이웃을 사랑하는 삶의 길을 가라는 주님의 부르심을 듣게 해 주십시오. 아멘.

- 이 기도들을 드린 후에, 다시 침묵의 시간을 갖고, 성령의 촉구와 음성과 지시에 주목하라. 적고 싶은 무엇이든 적어라.

모임 2
- 모이기   15분
- 다음 질문을 중심으로 나누기   25분
  "이번 주에 내 삶이나 동네 어디에서 하나님을 보았습니까?"
- 말씀 가운데 거하기: 누가복음 10:1-12   30분
- 이번 주 기도와 경청의 경험 나누기   40분

각 사람이 자기의 얘기를 나눈 뒤에, 다음 질문에 간단히 답하라.
1. 대화 중에 공통 주제가 나왔는가?
2. 구체적 방향이 드러났는가?

- 함께 나눈 모든 것을 위해 기도하고 마무리하기   10분

모임 2와 모임 3 사이
두 번째 모임과 세 번째 모임 사이에 다음 활동을 하기로 동의하라.
1. 서로를 위해 기도한다.
2. 다음 질문에 잠정적으로 대답한다.

- 동네에서 하나님과 동행하라고 성령께서 나를 초대하시는 장소 중 하나가…라고 느낀다.
- 내가 그 일을 할 수 있는 방법 몇 가지는…이다.
- 두세 달 정도 지나면 이것이…처럼 될 것이다.

모임 3
- 모이기   15분
- 다음 질문을 중심으로 나누기   20분
 "이번 주에 내 삶이나 동네 어디에서 하나님을 보았습니까?"
- 말씀 가운데 거하기: 누가복음 10:1-12   20분
- 지난주에 제공한 질문에 대한 대답 나누기   30분
- 각 사람의 의도를 확인하고 위해서 기도하기   35분

8장

실천 3-실험하기

> 우리가 할 수 있기 전에 배워야 한다고 생각하는 것들을, 우리는 하면서 배운다.
>
> 아리스토텔레스, 「니코마코스 윤리학」

경청과 분별이라는 처음 두 실천에는 당연히 실험이 포함된다. 우리는 익숙하지 않은 일을 어떻게 할지를 시험하기 때문이다. 나는 이 세 번째 실천을 '실험하기'(experimenting)라고 칭한다. 앞의 두 단계 작업이 이제는 우리의 동네에 좀더 의식적으로 참여하는 어떤 행동으로 전환되기 때문이다. 실험이라는 말에는 어떻게 해야 할지 완전히 확실치 않고 그 결과가 어떨지 보장되지 않은 것을 시험한다는 뜻이 담겨 있다.

실험이라는 개념은 우리가 예수님의 길을 따라 빈손으로 동네로 들어가기를 원한다는 확신과 잘 연결된다. 빈손으로 간다는 것은 지역 사회로 들어갈 때 우리가 본능적으로 실천해 오던 것들을 일부 내려놓는다는 뜻이다. 이러한 기본 복원 모드 유형에 따라 우리는 흔히 지역 사회를 위해 무언가를 하거나 지역 사회의 필요를 채워 줄 방도를 찾게 된다(봉사 활동, 식료품 무상 배급소, 자선 기부 등). 이미 여러 번 말했듯이 그러한 행동들은 중요한 일이지만, 동네로 빈손으로 들어가는 것과는 다르게 보인다.

누가복음 10장에서 예수님은 "[아무것도] 가지지 말며 [가라]"(눅 10:4)라는 본능과는 반대되는 지침을 주신다. 이는 부분적으로 제자들에게 동네 사람들을 '위해서' 뭔가를 해 주려는 데서 벗어나 그들과 '함께하면서' 그들'로부터' 받으라고 요청하시는 것이다. 우리가 성령과 동참하는 정도는 우리가 동네 사람들과 함께하면서 그들에게 받을 수 있는 정도까지일 것이다. 이 본문에서 70명의 제자들은 파송 받은 읍과 마을로 가서 그들의 일과 사회생활의 흐름에 동참한다. 그들에게 아무것도 갖고 가지 말라는 지침에는 어떤 면에서 제자들 자신과 복음 이외에는 아무것도 가져간 것 없이 그들을 그곳에 있게 하려는 의도가 있다. 이러한 자세로 제자들은 방문한 가정의 생활에 동참하여 그들이 먹는 음식을 먹고, 그들의 일을 함께하며 지역 사회의 흐름에 참여한다. 6장에 나온 스테이시의 이야기를 기억해 보라. 그녀가 어떻게 호숫가에서 자기 이웃들과 어울리기 시작했는지를 생각해 보라. 스테이시는 새로운 관계와 대화를 발견하게 되었다. 계속해서 경청하는 법을 배울 때, 그녀는 새로운 관계와 대화가 흐르는 과정을 통해 하나님이 무슨 일을 행하실지를 분별하는 데 도움을 받았다.

여정에서의 이 단계는 실험이다. 우리 대부분에게는 이것이 '교회' 됨과 하나님 백성의 행동에 대한 아주 다른 사고 방식이기 때문이다. 남을 돕고 섬기는 것은 예수님을 따름에 있어 변함없이 중요한 요소지만, 그런 일들이 또한 우리가 실제로 다른 사람들과 함께 지내며 살아가지 못하도록 막는 장벽이 될 수도 있다. 남을 돕고 필요를 채워 주다 보면 우리는 시혜자 입장이 되어 운전석에 남아 있을 수 있다. 우리는 전문 기술도 동원하고 자원도 있다. 또한 우리가 가진 기술은 다른 사람의 필요에 지극히 중요하다. 다시 말해, 다른 사람을 위해 일하면서 통제권은 우리가 그대로 갖는다는 말이다. 누가복음 10장의 초청은 당혹스럽다. 우리가 통제하는 자리에 있지 말라고 요구하기 때문이다. 예수님의 길은 이웃과 더불어 존재하는 것이다. 문제를 해결해 주는 게 아니라 그들과 함께하는 것이다.

만일 우리의 일차적 동기와 추동력이 그들을 도와주고 자원과 해결책을 제공해 주는 것이라면, 우리는 별로 분별의 일을 할 것 같지 않고 우리 자신이 변화받는 것과는 정말 거리가 멀 것 같다. 이 책의 핵심적인 확신들 중에 하나는 성령께서 유럽 종족 교회로 하여금 하나님이 그들보다 앞서 행하시는 일에 동참하는 참신한 길들을 발견하도록 초청하기 위해 그들을 무너뜨리셨다는 것이다. 우리가 우리의 동네 속으로 빈손으로 가서 사람들과 함께하기를 배울 때, 성령께서는 이 변화된 시간과 공간에서 어떻게 교회로 존재할지를 계속 보여 주실 것이다. 우리가 이 여정에 나서기를 배울 때 우리의 교회는 새롭게 만들어질 것이다.

이 말은 교회가 나누어 줄 것이 아무것도 없다는 뜻인가? 물론 교회가 제공해 줄 수 있는 많은 자원과 전통이 있다. 그 자원과 전통들은 예수님의 공동체들이 되는 훨씬 더 유익한 길로 우리를 유지시켜 주며, 알려 주며, 초대해 준다. 성경과 성례전과 교제의 실천과 가르침 등 아주 많은 것들이 있다. 이것은 '언제나' 쌍방 통행로다. 그러나 유럽 종족 교회 역사의 이 시점에, 우리는 교회 중심주의라는 기본 자세를 청산하고 성령께서 우리에게 빈손으로 가서 이웃의 삶에 참여하라고 부르시는 곳이 어디인지 분별할 필요가 있다. 바로 그런 까닭에 우리는 시혜자의 역할에서 벗어나 주변의 사람들과 다른 종류의 관계를 맺도록 해 주는 행동들을 시험해야 한다.

해 보고, 또 해 보라

시험에는 기꺼이 시행착오를 겪겠다는 태도가 포함된다. 새로운 일을 시작하거나 자녀를 갖거나 새로운 운동을 배운다고 생각해 보라. 어떤 일들에 익숙해질 수 있는 유일한 길은 시행착오밖에 없다. 시도하고, 실패하고, 되짚어 보고, 조정하고, 다시 시도하는 이 순환 과정을 통해 우리는 '실천하는' 삶의 새로운 길을 배우게 된다. 언제나 그랬다.

   이 실험을 실천하는 능력을 계발하는 것은 분명 도전적인 일이다. 교회가 위험을 감수해야 하기 때문이다. 우리는 위험을 무릅쓰는 일에 긍정적 가치를 두지 않는다. 그 대신, 예측할 수 없거나 관리할 수 없는 일이 발생하지 않도록 확실히 하는 경향이 있다. 좋은 지도자는 사람들에게 작은 실험을 시도해서 작은 위험을 감수할 기회를 갖도록 부드럽게 초대하는 방법을 배울 것이다. 다시 말하지만, 실험이라는 말을 사용하는 것이 유익하다. 계획대로 되지 않아도 괜찮다는 점을 이 말이 전달하기 때문이다. 사실, 그 일이 계획대로 되지 않을 것임을 시사한다. 마찬가지로 영리한 지도자는 치러야 할 대가가 그리 높지 않으며, 크게 변하는 게 없으며, 어느 누구의 미래도 이 일을 잘해 내는 데 달려 있지 않음을 소통하여 우려를 불식할 것이다. 우리가 시작하는 이 작은 실험에는 건물을 매각하고 새로운 커뮤니티 센터를 개발하는 일 같은 것이 포함될 수 없다. 그런 일은 집을 성공에 투자하는 것이며, 이 단계에서는 무리다.

내 헬스 트레이너인 루시(Lucy)는 나에게 새로운 운동을 권할 때, 그 운동에 큰 기대를 걸게 하지 않는다. 실제로는 그 반대다. 최근에 루시는 전에 내가 사용했던 것보다 훨씬 더 복잡한 새로운 밸런스보드를 소개해 주었다. 그 균형 운동은 좌우로만 움직이는 게 아니라 여러 방향으로 움직이는 것이었다. 나는 사방팔방 비틀거리고 떨어지기를 1분 정도 한 다음 내가 잘할 수 있는 운동으로 넘어갔다. 잠시 후에 밸런스보드로 돌아와서는 점차 성공을 경험하기 시작했다. 루시의 비결은 이것이다. 그녀는 처음부터 성공해야 한다고 나를 압박하지 않았다는 것이다. 실험을 통해 사람들은 다른 이들과 함께하는 일을 시험하고 위험을 무릅쓰기 시작하는 작은 단계들을 만들고, 그들의 동네에서 하나님이 무슨 일을 벌이시는지를 계속해서 분별하면서 자신의 역량을 키우게 된다.

미시시피주 클린턴에 있는 노스사이드 침례교회의 스탠 윌슨(Stan Wilson) 목사는 중산층의 잘 교육받고 진보적인 교인들에게 지역 사회에 사는 사람들과 함께하는 이 실천을 어떻게 소개할 수 있을지를 모색했다. 스탠은 이 훌륭한 사람들이 다른 사람들을 위해 좋은 일을 하는 프로젝트들에 자신들의 시간과 에너지를 투자해 온 대단한 일들을 잘 알고 있었다. 이제 그는 교인들이 다른 방식으로 행동하고 보도록 초대하기를 원했다. 이는 모두의 존엄성과 가치와 행위 주체성을 인정하는 방식이다. "우리가 누군가에게 그들의 업적이나 지위나 부보다 그들의 인격을 더 존중한다고 말할 수 없다면, 그들이 우리를 신뢰할 하등의 이유가 없습니다. 우리가 누군가를 본질적으로 그 사람 자체로 소중하게 여기지 않는다면, 다른 사람을 '위해서 일한다'거나 '더불어 일한다'고 할지라도 그러한 노력은 우리가 곤경에 처한 누군가를 어떤 다른 목적을 위한 수단으로 이용할 수 있음을 드러낼 뿐입니다."[1]

이 새로운 실천을 배우는 일환으로, 스탠은 그들이 새로운 행위들을 '일단 시도해 보도록' 위험 부담이 낮은 길들을 찾았다. 그는 몇몇 교인에게 '말씀 가운데 거하기'와 매일 기도 훈련을 지속하도록 권했다. 또 '제3의 장소'라는 개념을 도입해서, 동네에서 그런 곳을 찾아내어 거기에 있는 사람들을 알아 가기 시작하라고 초대했다. ['제3의 장소'라는 말은 레이 올든버그(Ray Oldenburg)가 만들었는데, 어떤 곳이든 집과 직장을 벗어나 비공식적인 사교 모임이 이루어질 수 있는 일터를 넘어서는 곳을 가리킨다.][2] 이 실험을 돕기 위해서, 그들에게 한 가지 간단한 훈련과 질문이 주어졌다. "여러분이 사는 동네를 돌아다니다 보면, 집과 직장 이외에 어디에서 사람들이 모이는지가 보이십니까? 앞으로 몇 달 동안 정기적으로 그 장소에 가서 시간을 보낼 계획을 세우십시오." 이렇게 시간을 보내는 일에는 사람들과 허물없는 대화를 나누는 법을 배우고, 어떤 해결책이나 도움을 제공할 필요 없이 사람들의 이야기를 경청하는 일이 해당된다. 교인들은 사람을 만나면, "이 동네에서는 얼마나 오래 사셨습니까?"라든지, "이 동네에서는 뭐가 가장 좋은가요?"와 같은 간단한 질문을 할 수 있었다. 그런 다음 그 그룹은 제3의 장소에서 지내는 실천을 통해서 발견한 것들을 나누기 위해서 매주 만났다.

이 모든 일이 스탠의 교인들에게는 새로웠다. 그래서 그들은 자기들의 안락 지대 바깥으로 나와야 했다. 그러나 그들은 동네에서 익숙한 곳에 머물렀으므로 너무 많이 나온 것은 아니었다. 이런 것이 좋은 실험의 한 가지 특징이다. 실험은 바깥으로 약간 나오되(위험 부담), 너무 많이 나오라고 하지는 않는다(안전). 이 두 요소가 함께 유지될 때, 새로운 배움이 일어날 가능성이 높아진다.

효과적인 실험들

실험은 수많은 형태로 온갖 영역에서 이루어질 수 있다('실천 지침 4'를 보라). 어느 루터교 교회에서, 한 그룹이 이웃과 함께하는 동네 독서 모임을 시작했다. 책은 참석자들이 선정하고 모임은 교회 건물보다는 사람들의 집에서 가졌다. 다른 지역에서는 한 그룹의 교인들이 기존 마을 정원에 텃밭을 하나 꾸몄다. 이 공용 텃밭은 이웃들과 허물없이 대화를 나누는 공간이 되었다. 그들은 음식과 농사와 건강한 식품 생산에 관한 얘기를 나눴다. 그런데 교인들은 새로운 관계들을 맺기 시작했고, 함께 작업하는 과정에서 일요일 아침 교회에서보다도 '하나님'에 관한 질문이 더 많이 나왔다고 보고했다.

교외 지역의 교회에 다니는 한 부부는 분주한 동네 사람들과 어떻게 관계 맺을지를 모른다는 사실을 깨달았다. 어디에서부터 시작할 수 있을까? 실험은 과연 어떤 모양일까? 어떻게 누가복음 10장을 현대 북미 교외 지역의 방언으로 옮길 수 있을까? 그들에게는 집 앞에 꽤 넓은 공간이 있었지만, 거리 쪽에는 사람이 다닐 만한 보도나 통로가 없었다. 그들은 봄에 그 주택 옆에 있는 작은 땅뙈기를 갈아

엎어서 텃밭으로 만들었다. 봄이 지나 초여름으로 들어서자, 그들은 자기들의 실험인 텃밭에 팻말을 하나 붙였다. "이 작은 텃밭에서 나오는 소출을 원하는 사람과 나누고 싶습니다. 원하는 대로 맘 편히 가져가십시오." 정말 놀랍게도, 사람들이 와서 텃밭 작물을 가져갔음은 물론 문 앞에 와서 고맙다는 인사까지 했다. 대화가 시작되었고, 이 부부는 곧 이웃과 함께하는 새로운 길을 찾게 되었다.

이 책의 서론에서, 나는 동네 가운데서 새로운 생명력을 발견한 고령화되어 가던 어느 교회를 간단히 언급했다. 한때는 시골 교회였지만 어느덧 신규 주택 단지와 쇼핑센터로 둘러싸이게 되었다. 교인들은 새로 사람들이 교회에 몰려올 거라고 생각했지만 그렇지 않았다. 그러자 교인들은 이 새로운 상황에서 교회가 된다는 게 어떤 의미인지를 이해하기 위해서 고심해야 했다. 서로 경청하고 누가복음 10장에 있는 거하는 훈련을 통해서, 그들은 한 가지 실험을 하기로 결정했다. 지금 그들은 지역 사회 연합과 협력하여 연합이 주최하는 겨울 축제와 같은 지역 행사를 준비하고 있다. 사람들과 함께하는 이 실천을 통하여 그들은 지금 그 지역 사회로 이사 오는 사람들을 더 많이 이해하기 시작했다. 교인들은 새 친구들을 사귀고, 자신들과 꽤 다른 사람들과 관계 맺고, 다른 사람들과 더불어 지내는 일이 더할 수 없이 재미있을 수 있음을 발견해 가고 있다. 그들은 새로운 에너지를 발견하고, 자기 영역 밖으로 좀더 나아가고, 동네 발전에 참여하는 다른 길들을 상상하기 시작한다. 그 과정에서, 그들은 성령이 자신들에게 다른 종류의 교회가 되도록 넌지시 찔러주시는 길들을 상상하고 있다.

동네 가운데서 일하시는 하나님께 참여하는 이 간단한 실험은 대대적인 사업이 아니며, 상당한 현금 지출을 요구하지도 않으며, 장기간 고도의 종합적인 유지 관리 활동을 요구하지도 않는다. 최상의 실험은 간단하고 아무 비용도 들지 않는다. 그러한 실험은 언제나 경청과 분별의 실천을 통해 형성된다. 실험의 목적은 사람들에게 하나님이 무슨 일을 하고 계실지 그리고 어떻게 하나님께 참여할 수 있을지를 발견하는 단순하고 문턱이 낮은 방법을 제공해 주려는 데 있다. 사람들이 이 작은 발걸음을 더 많이 내딛을수록, 그들이 전에는 보지 못했던 기회들을 더 많이 볼 것이며, 하나님이 이미 동네에 임재하시는 자리가 어디인지를 깨닫기 시작할 것이다.

여러 차례 교회들과 함께 일하고 그들의 이야기들을 경청하면서, 좋은 실험들의 특징을 보게 되었다. 그 실험들은 다음과 같은 경향이 있다.

- 동네 카페에서 일주일에 두어 시간 정도 시간을 보내는 것처럼 간단하며 하기 쉽고 복잡하지 않다.
- 독서 모임에 참여하는 것처럼 구조나 조직에 얽매이지 않는다.
- 제약을 두지 말고 미리 생각한 결과를 주입하지 않는다. 사람들(특히 교인들)은 새로운 것을 발견하는 경이와 배움을 기대한다.
- 전문가나 전문적 도움 없이 진행한다.
- 실패의 가능성을 열어 둔다.
- 도전적이다. 우리는 편안하고 예상되는 역할에서 벗어나게 만든다.
- 말과 행동보다 경청에 좀더 집중한다.
- 이웃과의 협력에 대해 열려 있다.

- 성령께 경청할 기회가 풍부하다.

다음과 같은 경우에는 실험들이 별 도움이 되지 못하는 경향이 있다.

- 교회 사람들이 주관하게 둔다.
- 상당한 예산을 필요로 한다.
- 복잡하다.
- 문제를 해결하려고 한다.
- 미리 계획된 예상 결과가 있다.
- '높은 대가'를 치러야 한다.
- 구조 혹은 조직 변화를 요청한다.
- 교회로 새로운 교인들을 끌어오려는 목적이 있다.
- 필요를 채우려는 목적이 있다.

다음과 같은 질문에 답해 가다 보면 실험 하나가 성공적이었음을 알게 될 것이다.

- 동네 사람들과 함께하면서, 우리는 하나님이 이미 일하시는 참신한 길들을 보고 있는가? 우리는 무엇을 보고 있는가?
- 이 경험을 통해서 우리가 변화되고 있는가? 우리 안에서 무엇이 바뀌고 있는가?
- 지역 사회 속에서 어떤 교회가 되어야 하는지를 발견하고 있는가? 우리는 무엇을 발견하고 있는가?

실험을 통해 교회는 자신에게 모든 대답과 모든 자원과 모든 통제권이 있다는 교회 중심적 기본 복원 모드 상태에서 빠져 나오게 된다. 하나님이 우리보다 앞서 계신다. 우리가 하나님께 참여할 때 교회가 새로워지고 지역 사회가 변한다. 이 작은 발걸음이 커다란 영향을 이끌어 낼 수 있다.

실천 지침 4 – 실험 사례

실험에 대한 설명을 읽고, 어디에서 좋은 실험의 요소를 발견하는지, 어떻게 하나의 시도가 또 다른 일로 이어지는지 살펴보라. (바로 앞에서 언급한 좋은 실험의 특징과 실험 성공을 위한 질문들을 다시 읽어 보라.)

독서 모임
한 그룹의 여성들이 동네에 새로 온 사람들을 위한 어느 독서 모임에 참여하는 실험을 하기로 했다. 모두가 합의하여 선정된 책들은 참석자들의 광범위한 관심사를 드러냈다. 매달 모여서 책에 대한 질문들을 나누고, 그 나눔을 통해서 사람들의 삶에 대해서 배웠으며 삶의 의미와 씨름했다. 그들은 그 대화에 하나님의 임재가 충만함을 느꼈다.

마침내 교인 중 하나인 메리네 집에서 독서 모임을 하게 되었다. 모임이 끝나고 사람들 대부분이 떠난 후, 독서 모임 회원인 샐리가 남았다. 샐리는 메리에게 마음을 터놓고, 자신의 외로움뿐 아니라 독신으로 살면서 경제적 파산으로 입에 풀 칠하기도 어렵다는 사실도 나누었다. 대화 중에 메리는 하나님이 무슨 일을 하시려는 것은 아닌지, 그리고 하나님이 어떤 일에 그녀를 참여시키려고 넌지시 찌르시는 것은 아닌지 궁금했다. 심지어 샐리가 자기 얘기를 나눌 때에도, 메리는 하나님께 인도를 구하는 기도를 했다. 아침 일찍부터 모임을 가졌지만, 메리는 샐리의 이야기를 경청하면서 그녀에게 온전히 집중하기로 작정했다.

대화가 마무리되면서, 샐리는 메리에게 고마움을 표시하고 자신이 이토록 지지받고 있으며 누군가 자기 사연을 들어준다는 느낌이 전에는 한 번도 없었다고 말했다. 메리는 샐리의 표정에서 안도의 빛을 보았다. 나중에 묵상하면서, 메리는 그냥 그 자리에 샐리와 함께 있는 것만으로도 자신이 하나님의 일에 참여했다는 사실을 깨닫고 놀라움을 금치 못했다.

가벼운 저녁 식사 모임
캐런은 교회 일에 너무 몰두하다 보니, 4년 동안이나 살던 동네에 누구 하나 아는 사람이 없었다. 경건의 시간과 침묵, 성경 읽기, 믿을 만한 친구들과의 대화를 마친 후에 캐런은 실험을 하나 하기로 했다. 그녀는 타고난 조직가이자 리더였다. 그러나 그녀의 실험은 3개월에서 6개월 정도 자기 동네 사람들과 어울리면서 그들의 말을 경청하고, 그들이 주는 것을 받고, 하나님이 원하시는 일이 무엇인지를 알아보려는 것이었다.

캐런은 차를 두고 다니는 것부터 시작했으므로 지역 사회 어디든 걸어 다녀야 했다. 그녀는 정기적으로 사람들과 마주치기 시작했다. 스치면서 나누는 대화가 깊어지기 시작했다. 그녀는 이제 어엿하게 밑바닥부터 동네의 삶에 속하게 되었다. 그 실험을 더 진전시키기 위해 캐런은 몇몇 그룹과 동호회에 가입하기로 했다. 이제 동네 거리는 물론 자신의 집도 눈여겨보게 되었는데, 자기 집 뒤뜰이 좀 엉망이라는 사실을 발견했다. 그래서 그녀는 원예 동호회에 들어갔는데, 다양한 배경을 지닌 지역 주민이 많다는 사실에 그 자리에서 캐런은 지역에 영향을 미치는 쟁점들에 대해 더 많이 들었으며, 지역 사회를 개선하는 일에 헌신하는 다른 그룹들과 연결되었다.

이러한 각성의 과정을 거치면서도 캐런의 삶은 여전히 매일 기도와 성경 읽기를 통해 형성되었으며(그녀는 이를 성무일도 준수라 할 것이다), 이 실천으로 말미암아 동네와 함께하는 그녀의 새로운 실천을 풍성해지고 확대되었다. 그녀는 진지하게 "하나님이 바로 이 지역 사회에서 무슨 일을 하시는가?"라고 물었다. 그들 가운데 들어가 함께 지내는 이 실험을 통해서, 캐런은 새로운 친구들(그들 거의 전부가 교회를 낯선 별세계로 여겼다)과 함께하기 시작한 단순한 일이 환대의 실천임을 느꼈다. 그녀는 한 달에 한 번 이웃을 위한 저녁 식사 모임(Soup Night)을 만들어 누구라도 자기 집에 와서 함께 식사하며 대화하자고 초대했다. 어떤 때는 열두 명이 오기도 하고, 어떤 때는 스무 명 혹은 서른 명도 찾아왔다. 사람들은 수프를 떠먹고 빵을 뜯어먹으면서 삶에 대해 대화를 나눈다. 이런 일은 교회에 깊이 관여하는 리더로서 캐런이 지난 수년 동안 결코 경험해 보지 못한 일이었다. 그녀는 지금 자기 동네에서 하나님이 인도하시는 이런 대화들이 자신이 속한 교회의 방향과 모습을 어떻게 형성하는지를 묻고 있다.

9장

실천 4-성찰하기

하나님께 참여하고, 교회를 재구성하며, 삶과 세상을 변혁하는 사역에 동참하는 법을 배우고 있는 교회에게 지금까지 우리가 탐구한 세 가지 실천은 필수적이다. 경청과 분별과 실험은 모두 교회가 새로운 삶의 리듬을 개발하는 데 도움이 된다. 각각의 실천은 새로운 배움과 새로운 습관의 실천을 요구하기 때문에, 우리의 역량과 영역을 확장시킨다. 그중에 아마도 '성찰'(reflecting)의 실천이 가장 힘들고 가장 중요할 것이다. 바로 이 성찰의 순간에 교회는 교회가 한 일들을 자의식적으로 깊이 돌아보게 된다. 이 성찰의 실천이 한 교회의 삶에서 뼈가 되고 리듬이 되지 않으면, 처음 세 가지 실천은 그저 간단한 유람 정도가 되고 말 것이다. 인기 있는 '40일 프로그램'처럼, 무슨 일이 일어났는지 다음에 무슨 행동을 해야 하는지에 대해 제대로 성찰하지 않는다면, 사람들은 한동안 흥분하다가 결국 시들해질 것이다.

나는 '행동 학습'(action-learning) 지지자다. 먼저, 사람들은 단순히 새로운 실천에 관해서 배운 다음, 그 새로운 실천을 실행에 옮기게 된다. 그 배후에는 생각하거나 읽거나 워크숍에 참석하는 것만으로는 교회 됨의 새로운 방식에 이르지 못할 것이라는 확신이 있다. 우리는 배운 다음 그 배움을 적용하는데, 보고 생각하고 다르게 행동하는 방식으로 실천에 옮긴다. 지금까지 소개한 각각의 실천은 하나의 발걸음이다. 그래서 우리는 작은 발걸음을 내딛고, 실험하고, 성찰하고, 더 배우고, 다시 시도한다. 기억하라. 존 듀이(John Dewey)가 과거에 말했듯이, 우리는 성찰한 경험을 통해서만 그 경험으로부터 배운다. 이 발걸음을 통해 나머지 단계들도 가치 있게 된다.

'실천 지침 5'에 있는 간단한 질문들을 통해 사람들은 자신이 배운 것을 성찰하고, 다음 단계를 어떻게 밟을 것인지를 결정할 수 있는 길을 찾게 될 것이다. 이러한 성찰이 없이는 나머지 단계들—특히 바로 다음에 나오는 결정의 단계들—은 훨씬 더 어려워진다.

실천 지침 5-성찰의 양상

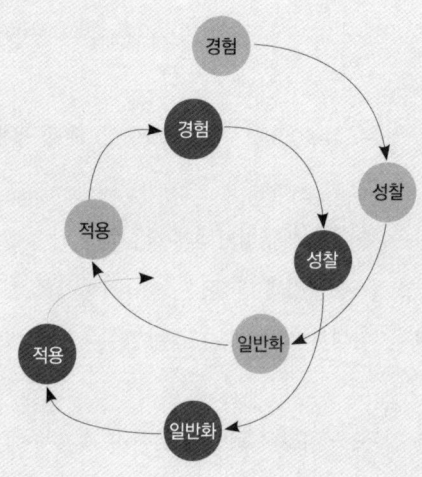

성찰의 실천에는 여러 요소가 있고, 각 요소는 중요하다. 성찰의 양상은 다음과 같다.

1. **우리가 무슨 일을 했는가?** 여러분이 해 온 일을 나누라.
   1) 여러분의 경험을 가장 잘 말해 주는 이야기가 있는가?
   2) 이 경험에서 여러분이 가장 즐겁게 한 일은 무엇인가?

2. **어떤 일이 벌어졌는가?** 여러분이 했던 일을 기초로 해서 물으라.
   1) 여러분은 이 모든 일 가운데 하나님이 일하고 계심을 어떤 방식으로 경험했는가?
   2) 이 여정에 대한 여러분의 태도는 어떻게 바뀌었는가? 이유는 무엇인가?

3) 교회 됨에 대한 여러분의 전제에는 어떤 도전이 있었는가?

4) 잘 이뤄진 일은 무엇인가? 이유는 무엇인가?

5) 잘 이뤄지지 않은 일은 무엇인가? 이유는 무엇인가?

3. **그래서 어떻게 되었는가? 다음 사항에 대해 무엇을 배우고 있는가?**

   1) 동네 이웃 가운데서 하나님께 경청하는 일에 대해?

   2) 빈손으로 가는 것에 대해?

   3) 이웃을 '위해서' 해 주기보다 '함께하는' 것에 대해?

4. **새로운 질문들:** 이러한 경험을 하면서 새롭게 떠오른 질문은 무엇인가?

   1) 성령께 경청하는 감각에 대해서?

   2) 동네 가운데서 교회가 된다는 것에 대해서?

   3) 교회 됨에 대해 함께 상상하고 싶은 새로운 방식들이 있는가?

5. **핵심 전달 사항:** 교인들과 나누고 싶은 핵심 내용은 무엇인가?

10장

실천 5-결정하기

교회의 상상력을 교회 중심에서 하나님 중심으로 재편하는 여정, 즉 우리의 이웃 가운데 예수님과 함께 빈손으로 동행하는 여정을 위한 다섯 번째 실천은 '결정'(deciding)하기다. 지금까지 해 온 경청, 분별, 실험, 성찰에 근거해서, 이제는 새로운 실험들을 어떻게 시도할 것인지 결정할 수 있다.

 한 교회에서 적은 수의 사람들이 처음 네 가지 실천에 참여했다. 그 사람들에게도 사실 그런 실천들은 사뭇 새로운 것임에 틀림없다. 내 헬스 트레이너인 루시의 지혜가 떠오른다. 내 코어 근육을 강화하고 안정시키기 위해 설계된 새로운 운동을 루시가 어떻게 소개했는지가 떠오른다. 처음에는 온 힘을 다해 집중해야 한다. 한 주 후에 그 운동을 재시도할 때, 마치 마술처럼 내 몸이 그 운동에 정상적으로 반응하는 느낌이 들지는 않는다. 루시는 수시로 시범을 보여 주어야 한다. 그렇게 몇 차례 시도한 다음에야 나는 그 운동을 좀더 편하게 느끼게 된다. 여러분이 현재 이 여정에서 다다른 곳이 바로 여기다. 작은 경험을 체득하고 몇몇 사람이 더 합류해 가면서 이 여정에 더 깊이 참여할 때다.

 이제 앞으로 더 나아가야 할 때인가? 교회는 우선 결정을 내리는 실천을 진행해야 한다. 결정의 단계는 교회들이 한 차례 진행한 네 가지 실천을 토대로 교회의 방향을 세우고자 할 때 매우 중요하다.

실천 지침 6 - 결정하기

1. 리더의 역할
목회자는 결정 과정을 진척시키고 관장하는 큐레이터 역할을 할 필요가 있다. 여기에서 필요한 기술은 교회를 위해서 결정을 내리는 것과 교회가 결정을 내리도록 보장하는 것 사이의 차이점을 아는 것이다. 큐레이팅(curating)은 다른 사람들이 스스로 결정을 내릴 수 있도록 그 과정을 이끌어 주는 것을 말한다. 만일 목사가 추천 사항을 제안한다면, 사람들은 대체로 동의하겠지만 장기적으로 자신의 것으로 삼지는 않는다. 큐레이팅에는 사람들이 상호 교류하고 경청하고 나누고 결정을 내릴 공간을 제공하는 일이 포함된다. 그러면 사람들은 그 결정을 자기 것으로 삼고 시행 단계에 적극 참여하게 된다.

2. 계획
사람들이 결정을 잘 내리는 데 필요한 여러 단계를 충분히 생각하라. 모호하고 일반적인 주요 의제를 들이밀지 말고, 각 단계별로 적절한 절차상의 의제를 개발하기 위해 노력하라. 세 가지 중요한 결정이 내려져야 한다는 점을 기억하라.

1) 첫째, 그동안 무슨 일이 일어났는지에 대한 이야기들을 교회 전체가 들은 다음, 그들 모두가 이 방향으로 계속 가기를 원하는지를 결정한다.
2) 둘째, 또 다른 소수의 사람들이 경청하고, 분별하고, 실험하고, 성찰하는 여정에 참여할지를 결정한다.

3) 셋째, 첫 번째 그룹의 사람들은 이웃 속으로 들어가는 이 여정을 어떤 식으로 계속할지를 결정한다.

3. 소통

9장에서 정리된 성찰 과정의 결실을 모아 교회의 핵심 리더들과 소통할 보고서를 만들라. 현명한 리더라면 소통 보고서의 얼개가 성찰을 다룬 장에 이미 잘 정리되어 있음을 알 것이다. 상기하기 위해서, 그 개요들은 아래와 같다.

- 우리가 무슨 일을 했는가?
- 어떤 일이 벌어졌는가?
- 그래서 어떻게 되었는가?
- 새로운 질문들
- 핵심 사항

이 개요는 소통 보고서에 딱 들어맞는 틀이다. 또한 지금까지의 여정을 전달할 때 다음과 같은 지침을 적용하라.

1) 첫 번째 그룹에 참여했던 이들을 포함시킨다.
2) 가능한 상호 작용을 한다.
3) 동네 속으로 예수님의 길을 따라 빈손으로 들어가는 여정을 실례를 들어 설명한다.
4) 다섯 가지 핵심 실천(경청, 분별, 실험, 성찰, 결정)과 그것들이 왜 중요한지를 나눈다.

5) 이 실천들이 단지 또 하나의 프로그램이 아니라 교회의 삶 일부가 되어야 함을 강조한다.

4. 리더 소집

선출된 리더들 및 핵심 리더들과 함께 여정에 동참했던 이들을 소집한 모임에서 다음 과제를 수행하라.

1) 앞에서 말한 소통 보고서를 공유한다.
2) 그들의 질문을 세심하게 경청하고, 그 과정에 참여한 다른 이들과 함께 이 질문들을 놓고 서로 의견을 나눌 시간을 가져라.
3) 교회 전체가 함께 모여 여기서 소통한 내용을 공유하면서 다른 사람들도 분별과 실험의 여정에 동참하도록 초청하는 시간을 갖자고 제안한다.

5. 교회 전체 회의 소집

교회 전체가 따로 모여 다음 과제를 수행하라.

1) 소통 보고서를 공유한다.
2) 이야기를 전한다.
3) 하나님이 지금 하시는 일이 어떤 모습인지 공유한다. 여러분 자신과 다른 교인들이 겪은 이야기들을 활용하여 미래의 모습이 어떨지 그 그림을 제공한다.
4) 사람들의 반응을 경청한다.
5) 구조나 프로그램이나 역할 상의 어떤 변화도 없이, 교회 안에

있는 것들은 그대로 지속될 것임을 계속 소통한다. 이 여정은 경청과 실험을 하자는 것이며, 잠깐 멈춰 진행되는 일을 성찰할 시간도 포함된다.

6) 교회의 의결 절차에 따라서, 모임에 참석한 구성원들이 그 방향과 새로운 여정의 출범을 공식적으로 확정하는 기회를 갖거나, 아니면 리더 그룹이 가급적 빨리 다시 모여 결정 과정을 밟는다.

6. 다음 단계들

- 경청과 분별과 실험과 성찰을 재개할 날짜를 정한다. 이 여정에 참여할 관심자들을 다 초대한다.
- 첫 번째 차례에 참여했던 그룹을 재소집한다. 그들에게 새로운 그룹을 돕는 코치 역할을 해 달라고 요청한다. 그리고 그들 자신의 여정을 어떻게 지속하고 싶은지 결정해 달라고 주문한다.
- 진행 중인 단계를 교회와 계속 소통하고, 사람들에게는 그 여정을 통해 경험하는 이야기들을 공유해 달라고 요청한다.

11장

장애물 통과

> 사람들은 위대한 이야기를 만들어 내는 삶을 열망하지만, 정작 그런 일이 일어나는데 수반되는 노력을 좋아하는 사람은 거의 없다.
>
> 도널드 밀러, 「천년 동안 백만 마일」[1]

이 책은 유럽 종족 교회들이 지난 50년 이상에 걸쳐 거대한 와해를 겪은 것이 실제로 성령의 역사에 다름 아니라고 제안했다. 하나님은 이 붕괴를 사용하셔서 교회로 하여금 자신이 누구이며, 하나님이 그들 가운데서 무엇을 이루고자 하시는지에 대한 기본적 상상을 바꾸라고 초대하신다. 유럽 종족 교회들은 그 초대를 듣는 데 크게 실패했다. 실제로 이 와해를 막거나 고쳐 보려는 그들의 모든 행동은 실질적으로 인간의 기술과 재주와 기교가 경로를 바꾸는 기본 키라는 근본 확신을 드러낸다. 깊이 뿌리박힌 교회 중심주의 및 성직자 중심주의라는 기본 복원 모드가 교회의 에너지를 잘못된 방향으로 이끌어 왔다.

이 현실 가운데서, 성령은 우리에게 그와는 다른 여정에 나서라고 계속 초대하신다. "어떻게 교회를 고쳐서 재가동시킬 것인가?"를 묻기보다는, "우리는 동네 가운데 계시는 하나님과 동행하기 위해 동네에서 우리보다 앞서 하나님이 무슨 일을 하시는지 분별하면서, 어떻게 그 여정에 함께 나설 수 있는가?"를 물으라는 부름을 받고 있다. 유럽 종족 교회들은 '지금' 이 초청을 듣고 있다. 이러한 현상은 개 교회들과 지역 그룹들, 그리고 심지어 교단들의 실례를 보아 알 수 있다. 어떻게 교인들과 교회들이 예수님의 길을 따라 빈손으로 동네 속으로 들어갈 수 있을지를 모색하고 있는 영국 성공회의 최근 노력이 그 일례다.

마른 뼈들이 다시 살아나라는 부름을 받고 있다. 지금은 유배의 시기가 아니라 출애굽의 순간이다. 하나님이 우리 가운데서 행동하신다. 그리고 이는 모두 세상의 치유와 관련 있다. 먼저, 우리는 교회에로부터 눈길과 집착을 돌려 우리보다 앞서 계신 성령을 바라봐야 한다. 이러한 전환은 하나님의 경륜에서 교회의 중요성과 중심적 역할을 부인하는 게 아니다. 부인한다기보다는 교회의 참신한 모습을 발견할 길이라는 말이다. 이스라엘의 삶이 그 여정 가운데서 형성되고 틀이 잡혔듯이, 증인 공동체로서 우리의 예배하는 삶과 함께하는 삶은 다른 여정을 통해서 더욱더 깨달음을 얻고 틀이 잡혀야 한다.

바로 이러한 맥락에서 볼 때 누가복음 10:1-12 본문은 이해되기 시작한다. 이 본문은 우리 자신을 넘어서라고 가리킨다. 우리의 짐보따리와 결과를 통제하는 시혜자라는 의식을 내려놓으라고 요청한다. 우리 동네들 속으로 들어가서 함께 거하는 법을 배우라고 초대한다. 그러한 거주를 통해, 우리는 우리 교회들이 취할 필요가 있는 형태를 분별할 수 있다.

기본 복원 모드와 장애물들을 각오하라

하나님과 함께하는 여정에 착수해 본 사람은 누구나 몇 가지 일이 일어날 수밖에 없음을 알고 있다. 첫째, 새로운 여정은 흥미진진하고 활력이 나는 일이다. 둘째, 과거 이스라엘이 홍해를 건널 때 발견했듯이, 우리가 검증되지 않은 영역으로 여행할 때 기존의 습관과 유형과 가치들이 빠르게 다시 떠오른다. 나는 그것을 '기본 복원 모드'라고 불렀다. 정말이지 그 기본 복원 모드는 강력하고 뿌리 깊다.

모든 시스템의 배후에는 기본 복원 모드가 작동하는데, 보이지는 않지만 우리의 행위를 결정짓는다. 교수이며 연구자이며 경제학 저술가인 제프 마드릭(Jeff Madrick)은 『일곱 가지 나쁜 사상들: 주류 경제학자들이 어떻게 미국과 세계에 손해를 끼쳤는가』(Seven Bad Ideas: How Mainstream Economists Have Damaged America and the World)라는 책을 출판했다.[2] 그는 한 세대 이상 주류 경제학자들의 훈련 속에 장착되어 있는 기본 복원 모드들이 그들을 2008년의 경제적 붕괴로 이어지는 경제 현실에 대해 눈멀게 만들었다고 말한다. 마드릭은 고인이 된 밀턴 프리드먼(Milton Friedman, 지배적 자유방임주의의 대부)이 죽기 직전에 텔레비전 언론인 찰리 로즈(Charlie Rose)와 대담했던 인터뷰를 지적한다. 그 인터뷰에서 프리드먼은 "현재 경제의 안정성은 역사상 유례없이 대단하다. 우리는 정말이지 너무나도 좋은 상태에 있다. 사람들이 우회적으로 경제가 지금 얼마나 나쁜지, 얼마나 곤경에 처해 있는지에 대해 이야기를 지어 내는 게 얼마나 우스꽝스러운가"라고 말했다.[3] 이것은 우리 눈앞의 상황에 상관없이 기본 복원 모드들이 어떻게 계속해서 우리의 시각을 형성해 주는지를 잘 보여 준다. 또한 사람들의 상상력을 바꾸고 세상을 다르게 바라보도록 돕는 새로운 실천들을 배울 수 있는 공간을 계발한다는 것이 얼마나 어려운지를 보여 준다. 대부분의 변화 과정들은 실패한다. 그러한 기본 복원 모드들의 힘을 이해하거나 고려하지 않기 때문이다.

3, 40대에는 약 십여 킬로미터를 일주일에 여러 차례 빠르게 달리는 일을 별 일 아니라고 생각했다. 그랬던 내가 확실하게 60대에 들어선 작년에는 헬스 트레이너 루시에게 6개월 후에는 10킬로미터 경주를 뛸 수 있도록 훈련하고 싶다고 말했다. 루시는 부드럽게 미소를 지으면서 "천천히 시작하고 어찌 되는지 한번 봅시다"라고 말했다. 루시는 내 표정을 읽으면서 말을 이었다. "다른 어떤 스포츠보다 달리기는 당신의 몸속에 감추어져 있는 기저 질환들을 신속하게 끄집어냅니다." 루시는 봄에 5킬로미터 경주를 할 수 있도록 6개월짜리 점진적 훈련 프로그램을 제시했다. 나는 이 정도 모험이라면 할 준비가 되었다고 생각했다. 그래서 일주일에 한 번 5킬로미터를 달리기 시작했고, 그다음에 일주일에 세 번 5킬로미터 달리기로 넘어갔다(필수 휴식일과 교차 훈련을 번갈아 가며). 3개월 만에 나의 오래된 몸에 있던 기저 질환들이 드러났다. 결국 이로 인해 수 개월 동안 달리기를 멈출 수밖에 없었다. 나는 뼈들을 서서히 제자리에 맞춰 주고 이미 은퇴했다고 여기던 근육을 늘려 주는 새로운 운동을 매일 실천해야 한다는 사실을 알지 못했다.

내 요점은 이것이다. 부르심을 듣는 것과 여정은 별개라는 것이다. 이 여정은 기저에 있는 수많은 습관과 관행과 가치에 도전할 것이다. 각오하고 있으라. 빈손으로 예수님의 길을 따라 동네로 들어가는 일은 대대적인 이행이다. 교회가 중요하긴 하지만, 오늘날 교회는 하나님이 활동하시는 유일한 곳도 일차적인 장소도 아니다. 이는 매우 어리둥절케 하는 말이다. 왜냐하면 그리스도인의 삶 전부를 보면, 우리가 하나님을 발견하는 곳은 교회 안이기 때문이다. 교회 건물이나 예배 시간이든지, 혹은 우리 자신의 사적 경험 깊은 곳이든지 말이다. 이러한 장소에 하나님이 계심을 부인하지 않으면서, 와해의 한복판에 우리는 이러한 공간들 너머로 홍해 여정에 임하라는 부르심을 받고 있다.

이 여정에는 용기와 지혜와 협력이 필요할 것이다. 혼자서는 수행할 수 없다. 리더들 편에서는 기존의 안전지대 바깥으로 사람들을 이끌어 가는 새로운 기술과 모험을 기꺼이 배우는 자세가 필요하다. 이 마지막 장에서는 리더들이 출발에 앞서 명확히 이해해야 할 강력한 기저의 기본 복원 모드 몇 가지를 다룬다. 우리는 성령께서 우리보다 앞서 하시려는 일을 기쁘게 받아들이는 동시에 우리 앞에 놓여 있는 도전들을 명확히 보아야 한다.

기본 복원 모드를 확인하라

회중이란 놀랍게도 복합적이다. 그들 앞에 평가서나 비전을 내보인다고 해서 그들이 줄 서서 따르지는 않는다. 아무리 변화의 필요성에 대해 말한다 해도, 그들은 지금 있는 그대로를 유지하는 데 높은 가치를 두는 유기적 조직체들을 보존하고 있다. 그런 일이 벌어지는 것을 분명 여러분도 보았을 것이다. 리더들은 새로운 책이나 보고서를 읽고 신이 난다. 그리고 흥분해서 교인들에게도 읽으라고 권한다. 아마도 사순절에는 교인 학습 프로그램을 도입하고, 부활절 기간에는 새로운 비전을 제시하고, 오순절에는 새로운 사역을 출범할 계획을 세운다. 늘상 자원하는 사람들이 또 참여한다. 그러나 흡인력은 별로 없다.

이것이 공통된 이야기다. 거대한 기본 복원 모드가 작동하고 있다. 2부 전체에서 기술한 실천들은 이러한 기본 복원 모드를 다루기 위해 신중하게 설계된 것들이다. 그러나 리더들은 기본 복원 모드에 부드럽고도 천천히 다루는 법을 알기 위해 그러한 기본 복원 모드를 의식할 필요가 있다. 다음은 여러분이 마주칠 공산이 큰 기본 복원 모드들을 간략히 정리한 것들이다.

1. 하나님은 실제로는 우리 가운데서 활동하시지 않는다

대부분의 교인들은 하나님이 예전과 그들의 예배 생활 가운데 임재하신다는 약간 모호한 의식을 갖고 있다. 그렇지만 하나님이 교회 안에서 활동하시고 임재하시며 동네 가운데 앞서 나아가 계신다는 확신은 대부분의 사람들에게는 낯선 생각이다. 이런 식으로 말하는 것은 마치 사람들에게 뜨거운 여름날의 맛을 묘사해 달라고 부탁하는 것과 좀 비슷하다. 교회 안의 하나님과 동네 안의 하나님은 얼핏 어울려 보이지 않는 개념들이다.

우리의 이웃 가운데서 활동하시는 일차 행위자이신 하나님에 대해 말하면 사람들은 어리둥절해 한다. 그런 말을 어떻게 받아들여야 할지 모른다. 자신들의 경험에서 인식되는 부분이 아니기 때문이다. 종종 더 '자유주의적인' 그리스도인들은 신경질적으로 반응한다. 마치 하나님이 다가와서 일을 처리하는 신인동형론적 인물이라는 것처럼 들리기 때문이다. 여기서 온갖 종류의 질문이 따라온다―어째서 하나님이 전쟁을 멈추게 하고 학대당한 희생자들을 보호하지 않으시는지와 같은. 사람들에게 그들의 이웃들과 관계를 맺으라고 요청할 때, 이러한 모든 의혹이 활개를 편다. 그러면 사람들은 평가하고 전문가에게 문의하고 필요를 채우는 방법을 모색하는 기본 복원 모드로 되돌아간다. 결국, 하나님이 아닌 우리가 활동한다.

이 장애물은 사람들에 대해 인내하고 이런 식의 안목을 갖는 데는 시간이 걸린다는 점을 인식하기 위해서는 처음부터 이 장애물을 인식해야 한다. 경청하고 거하고 분별하는 실천을 하는 가운데 사람들은 이 새로운 현실을 함께 발견하고 확인하는 공간 속으로 들어오라는 부드러운 초청받게 된다. 하나님은 활동하신다. 하나님은 임재하신다. 하나님은 저 밖에 계시면서 우리가 하나님께 참여하기를 기다리고 계신다.

2. 성경을 통해 하나님을 경험할 수 없다

'말씀 가운데 거하기'라는 실천이 점점 더 많은 교회에서 이뤄지고 있다. 그 실천은 하나님의 백성이 전문가의 설교나 가르침을 그냥 듣기만 하는 것이 아니라 함께 말씀 가운데 거하면서 성경 앞에 앉아 있을 때 그들은 성령께서 그들에게 말씀하시는 자리에 있는 것이라는 확신에 기초한다. 내 경험상, 유럽 종족 교회들은 하나님이 성경을 통해서 특별하게 구체적으로 우리에게 말씀하신다고 적극적으로 전제하는 경우가 거의 없다. 성경을 우리가 하나님을 만나는 자리로 경험하는 경우는 거의 없다. 성경은 대개 하나님에 대한 생각과 개념의 원천이거나 아마도 영감을 위한 것이다. 이 말을 비판하자는 것도 판단하자는 것도 아니다. 지식과 영감은 충만한 신앙생활에서 너무나도 중요하다. 그러나 성경을 그런 식으로만 바라보는 이 강력한 기본 복원 모드는 하나님을 만나는 일에 대한 열린 자세를 일소해 버리는 경향이 있다. 바로 그런 이유 때문에 6장에서 말씀 가운데 거하기 실천을 소개하면서 서로의 이야기와 말씀을 경청하는 단순한 유형을 따랐던 것이다.

3. 이 위험을 감수할 사람이 충분치 않으므로, 우리는 살아남지 못할 것이다

이것은 없애 버리기 아주 힘든 기본 복원 모드다. 결핍의 두려움이 깊이 뿌리박혀 있다. 노인들로 이루어진 교회는 존속하지 못할 거라는 생각에 두려움은 더욱 악화된다(성경을 어떤 식으로 읽든지, 다른 모든 사람이 포기한 바로 그 자리에서 하나님의 미래가 나타난다는 점을 확증하기에, 이런 생각은 부끄러운 것이다). 이러한 기본 복원 모드에 대항하는 길 중 하나는 여러 교회에게 이 여정을 함께하자고 초청하는 것이다. 누가복음 10장은 제자들이 짝을 지어 갔다고 말한다. 오늘날의 교회들에게, 짝을 지어 간다는 것은 2부에서 설명한 실천들을 행하기 위해서 다른 교회들과 연합한다는 뜻일 수 있다. 이렇게 할 때, 함께 나눌 이야기가 풍성해질 것이며, 하나님이 실제로 우리 가운데 역사하심을 확인할 기회가 많아질 것이다.

4. 먼저 내부 정비부터 해야 한다

물론 이런 반응은 통제력 상실을 포함하여 상실에 대한 두려움과 염려에서 비롯된다. 그러나 내부 정비를 한다고 상실의 두려움이 누그러지지는 않는다. 그래서 서서히 작게 시작할 필요성을 강조했다. '내부 정비'는 다른 사람들에게 맡기고, 교회 안에서 우리가 말한 실천

들을 보여 줄 작은 공간을 마련하라. 동네 속에서 성령과 함께하고 하나님의 음성을 새롭게 듣는 이야기를 전하는 사람들의 흥분과 에너지로 말미암아 우려는 점차 희망으로 바뀌고 다른 사람들은 위험을 감수할 가치가 있음을 보게 될 것이다.

5. 세상을 변화시키려고 교회에 나오지 않았다

25년 이상 목사로 살아오면서 알게 된 것이 하나 있다. 사람들이 교회에 속하는 이유가 많지만, 세상을 변화시키기는 것은 열 손가락에도 들지 못한다는 사실이다. 이는 비판적이거나 부정적으로 하는 말이 아니다. 그 사실을 인정해야 현실적이 되고 다음 원칙을 실천하는 데 도움이 된다. 사람들에 대한 당신의 기대치가 아니라 사람들의 현재 수준에서 시작하라. 성직자들은 교인들이 더 나아지기를 (혹은 자기들의 입장에 더 가까워지기를) 원하는 경향이 있다. 대부분의 경우, 지도자가 아무리 희망적이라 할지라도 사람들에게 비전을 던져 주면, 사람들이 아직도 충분하지 않고 변화될 필요가 있다는 뜻이 전달된다. 아무도 이런 말을 듣는 것을 좋아하지 않는다. 그리고 여러분이 판단하려는 의도가 없을지라도, 이런 종류의 소통은 가혹하게 느껴진다.

예수님의 길에 따라 형성되는 교회가 되어 빈손으로 그들의 이웃 속으로 들어가는 것은 놀라운 비전이다. 이런 게 사명 선언문에 추가되거나 교회의 가치 선언문에 자리 잡히면 '듣기에는 좋다.' 성직자들은 이런 이상을 위해 산다. 우리 대부분은 교회의 사명 선언문 때문에 혹은 이웃과 예수님의 길을 포함하는 어떤 운동을 따르라는 요청 때문에 교회에 가입하지 않는다. 우리 대부분이 매주 교회에 나가 앉아 있는 이유는 예배를 통하여 개인의 삶에서 격려와 힘을 얻기 때문이다. 우리는 성가대에서 하는 찬양이 공동체와 창의성을 발견하는 한 장소이기 때문에 교회에 온다. 과거 위기 가운데 있었을 때, 누군가가 우리를 보살펴 주어 상황이 전혀 달라졌기 때문에 교회에 온다. 가족들이 거기 있기 때문에, 혹은 성직자 개인이 보살펴 주거나 설교가 생각을 자극해 주기 때문에 교회에 온다. 그리고 우리의 마음속 깊은 곳에 하나님에 대한 분명한 굶주림이 있기 때문에, 떡과 포도주가 다른 무엇과도 다르게 우리를 먹이고 지탱해 주기 때문에 교회에 온다.

우리가 교회에 나오는 이유는 엄청나게 많다. 그런 이유들을 일축하거나 하찮게 여겨서는 안 된다. 이러한 것들은 본질적이며 생명을 주는 실천들이다. 나는 사람들의 현재 위치를 존중하고, 그들에게 하나님과 함께하는 여정의 또 다른 영역인 동네로 들어가는 여정을 점검하기 위한 몇 가지 가벼운 단계들을 제시하기 위해 이 다섯 가지 실천들(경청, 분별, 실험, 성찰, 결정)을 형성할 수 있는 방법을 제시하려고 노력했다.

6. 필요를 채우고 사람들을 돕는 게 무슨 잘못인가

이 여정을 시작한 모든 교회에서 내가 관찰한 특유의 기본 복원 모드는 동네를 자기들이 사람들을 위해서 뭔가를 해 줄 수 있는 장소로 자동적으로 바라보는 것이다. 그것은 거의 신조와 같다. "교회의 일원으로서 사람들과 함께한다는 것은 그들을 돕고 그들의 필요를 채워 줄 방법들을 찾는 것이다. 만일 이 일을 하지 않는다면, 우리는 그리스도인이 아니다." 이웃과 더불어 거한다는 것, 뭔가를 '해 주기'보다는 '함께한다'는 개념이 불편하고 별로 온정적이지 못한 것 같은 느낌이 든다. 또 다른 차원에서, 이 말에 우리는 어리둥절해진다. 사람들은 다른 사람들을 위해서 자신들이 무엇인가를 하고 있을 경우에만 통제하고 관리할 수 있다고 느끼기 때문이다. '함께한다'는 생각은 사람들에게 나약하다는 느낌을 준다.

이 기본 복원 모드를 밝히는 것은 마치 홍해를 건너는 것과 같다. 2부에 있는 다섯 가지 실천 과정은 이 기본 복원 모드에 도전하는 길을 제공한다. 우리는 소그룹 하나를 초대하여 이웃과 함께하면서 하나님이 지금 어디에 계신지를 경청하는 방법들을 점검하도록 하고, 다른 구성원들을 초대하여 좀더 안전한 거리에서 성찰하고 경청하도록 하는 것이다.

7. 성직자가 다 보살펴 주어야 한다

"성직자가 변화를 주도하는 그만큼 변화는 일어나지 않을 것이다." 이 말이 좀 극단적으로 들린다는 점은 인정한다. 첫째, 이 말은 성직자가 중요하지 않다거나 아무런 역할이 없다는 뜻이 아니다. 이 말은 성직자의 리더십에 대한 통상적인 가정들 중 몇 가지가 바뀔 필요가 있음을 의미한다. (평신도 권한 위임이나 만인 제사장설 등) 신학에도 불구하고, 교인들은 성직자의 존재를 존중하는 경향이 있다. 교회는 성직자의 전문 영역이다. 또한 성직자들은 교회의 일을 위해서 훈련 받았으며 교회와 그 하나님의 선택을 받았다. 의료나 법률, 자동차 수리의 경우에서와 마찬가지로, 우리는 전문가들의 지식을 존중한다. 예를 들어, 성직자가 회의하는 자리에 앉아 있으면 보통 어떤 일이 벌어지는지 관찰해 보라. 그들이 그 회의를 주관하지 않더라도, 회의에 참석한 사람들은 종종 토론과 의사 결정에서 성직자의 의견을 따른다. 아마도 이런 이유 때문에, 성직자들이 행동을 위한 제안을 내어놓는 경우가 잦다.

리더십과 관련해서 간단한 법칙이 하나 있다. 혁신가들이 혁신하면 전혀 혁신이 이뤄지지 않는다. 그것은 직관에 어긋난다. 성직자는 혁신가 역할을 할 때 사실상 다른 사람들의 혁신을 막아 버리는 문화를 양성한다. 꽤 많은 성직자 및 교회와 동역하면서 내가 관찰한 바에 따르면, 성직자는 혁신을 제안하고 교인들은 혁신을 위한 일벌이 되거나 수동적으로 (그리고 때로는 수동적 공격성을 띠며) 혁신을 주저앉힌다.

교인들은 성직자가 주도하는 대로 따르도록 사회화되어 성직자가 프로젝트와 행동 지침을 내려 주기를 기대한다. 이것이 바로 특정한 성직자의 재직 기간에만 그가 주도한 프로젝트들이 지속되고, 이후로는 점차 사라지거나 소수의 사람들에게서만 명맥이 유지하는 이유다. 나는 이것을 '고무줄 리더십'이라고 부른다. 다음과 같이 해 보면 잘 알 수 있다. 양손 손가락 사이에 고무줄을 걸어 당겨 보라. 손가락들을 당겨 그 자세를 유지하는 동안 고무줄은 탱탱하게 유지된다. 그러나 한 손가락을 풀면 고무줄은 원래 자리로 되돌아간다. 성직자가 주도하는 계획과 혁신안의 경우에도 마찬가지다.

성직자에 의해서나 의존하지 않고 혁신이 일어나는 교회 문화를 창조하는 도전이 필요하다. 공유된 열정이 없이는 예수님의 길을 따라 이웃 속으로 들어가는 여정은 최신 성직자가 도입한 또 하나의 일시적 프로그램에 지나지 않을 것이다. 2부에 나오는 실천들 각각은 성직자가 일차 혁신가 역할을 하지 않으면서도 일을 이끌어 가는 길을 제시한다.

8. 서로 아끼는 한 가족인 것으로 충분하지 않나

사람들이 자기 교회를 어떻게 묘사하는지 자세히 들어보라. '가족', '공동체', '보살핌', '사랑'과 같은 단어가 들릴 것이다. 이런 단어는 교회의 본성과 목적에 대한 우리의 신학이나 신앙 고백에 나오는 일차 언어가 아니다. 예를 들어, 우리는 교회가 세상을 위해서 부름 받고, 하나님의 선교의 일꾼들로서 세상에 보냄 받았다고 말할 것이다. 혹은 교회는 그 자체가 아니라 나그네 곧 타자를 위해서 산다고 선언할 것이다. 신앙의 진술들(이른바 '관념적 가치')과 사람들이 자기들의 경험을 표현하기 위해 사용하는 실제 언어 사이에는 큰 간격이 있다. 그들은 자신들이 가족처럼 서로 지지하고 보살피고 지켜 주기 위해서 함께 모인다고 이해하며 또 그렇게 경험한다.

'가족'은 강력한 이미지다. 이런 경우에서, 가족은 많은 것들을 공유한 사람들이 밀접하게 연결된 집단을 시사하는 심원한 기본 복원 모드에 해당한다. 가족은 시간을 함께 보낸다. 가족은 지금은 당연시하는 공동의 습관과 관행과 가치들을 내면화시켰다. 가족은 혈연 관계다. 이 렌즈를 통해서 볼 때, 교회는 본질적으로 공통의 종족적·사회적·계층적 일체성과 경험에 뿌리박은 공통의 습관들에 의해 형성된 친밀한 집단이다. 이와 같은 공동체들은 안정성, 예측 가능성, 자기 가족에 대한 보살핌 면에서 많은 것을 제공해 준다. 가족 같은 공동체는 한 세대에서 다음 세대로 생명력 있는 전통을 효과적으로 전수한다. 그러나 만일 예수님의 길을 따라 빈손으로 동네로 들어가는 사람들이 되는 것이 목표라면, 이 기본 복원 모드는 커다란 장애물이다.

사실대로 말하자면, 우리 대부분은 자기들끼리 끈끈히 연결된 친목 집단에 들어가는 데 관심이 없다. 아마도 바로 그런 이유 때문에 바울은 그리스도 안에서 '이방인'에게는 더 이상 '유대인' 될 것이 요구되지 않는다는 사실을 신생 교회에게 인정하라고 계속 권면했을 것이다(갈 2:14). 사도행전 10장에 나오는 고넬료 이야기도 동일한 점을 지적한다. 예수 그리스도의 복음은 내가 다른 누군가의 친목 집단이나 종족 집단에 가입할 것을 요구하지 않는다. 복음은 그러한 집단들을 넘어 우리를 연결시키며 그리스도 안에서 하나 되게 만든다.

이 지혜는 우리 대부분이 점점 더 우리와 비슷하지 않은 사람들로 채워지는 동네에서 살기 때문에 더욱더 중요해지고 있다. 라틴 아메리카인들이 점점 더 늘어나는 동네에 있는 흑인 중심의 교회든지, 앞으로 최소한 10년 동안은 자녀를 갖지 않겠다는 독신들로 둘러싸인 (한 때는) 젊은 가정들로 이루어진 교회든지 간에 이 점은 진실이다. 어떤 수준에서, 우리는 모두 우리의 친목 집단들이 주는 위로를 즐기고 있다. 그렇지만 하나님과 동행하는 여정은 교회의 자기 이해와 습관과 실천의 대변혁을 요청한다. 성령은 가족이나 종족 혹은 친목 집단이라면 거의 선택하지 않을 어떤 일을 하도록 우리를 초대하신다. 집단의 경계들을 넘어 우리와는 다른 사람들의 삶 속으로 들어가, 종종 그들의 이야기와 실천과 전통들을 우리의 것으로 삼으라고 초대하신다.

2부의 다섯 가지 실천들은 이 길에 나서는 간단한 과정을 제공한다. 그 실천들은 교회가 '우리'라고 말할 때 그것이 누구를 의미하는지에 대한 기본적 상상을 변화시킬 지도 역할을 하도록 의도된 것이다. 다섯 가지 실천들은 교회로 하여금 새로운 질문을 던지고, 교회의 상상력을 확장하고, 궁극적으로는 그 자체를 뒤엎어 새롭게 하는 일에 참여하도록 돕기 위해 만들어진 것이다.

결론

하나님의 풍성한 성령은 북미 교회에게 새 생명을 갖다 주고 계신다. 그것은 마치 출애굽기의 처음 몇 장과 매우 유사해 보인다. 거기에서 하나님은 아무도 계산하거나 예상하지 못했던 방식으로 행동하기로 하신다. 출애굽 이야기가 제시하는 것은, 하나님이 이미 우리보다 앞서 홍해를 건너시고 우리에게도 건너오라고, 교회 중심주의에서 떠나 동네 가운데서 벌어지는 새로운 모험에 참여하라고 손짓하시는 것이다. 하나님은 바야흐로 유럽 종족 교회들과 더불어 놀라우리만치 생산적인 일을 벌이시는 중이다. 이제 과거 방식으로는 되돌아가지 않을 것이다. 그것이 좋은 소식이다.

이 여정에 참여하고자 하는 사람들에게는 놀라운 일들이 많이 기다리고 있음이 분명하다. 이 여정은 가장 깊숙이 자리 잡힌 인식 몇 가지를 가로지른다. 이같은 놀라움들이 누구든지 예수님의 길을 따라 빈손으로 동네 속으로 들어가고자 하는 우리 중 사람을 기다린다. 그 여정은 교회에 깊이 자리잡힌 일부 인식과 습관을 가로지른다.

2부의 다섯 가지 간단한 실천을 도입함으로써 교회가 이 여정을 출범시키면서 걷기 시작할 수 있는 트랙을 발견하게 되기를 소망한다.

어떻게 우리가 이 일을 하는가? 천천히 작은 발걸음을 내딛고 수시로 멈추어 지금 우리가 하고 있는 일과 배우고 있는 일에 대해 성찰하면서. 결코 그 일을 혼자서가 아니라 언제나 다른 사람들과 더불어 한다. 이 반(反)직관적 실천은 기도 공동체 가운데서 이루어진다. 그리고 떡과 포도주를 통해서 우리에게 끊임없이 예수님의 생명을 공급하는 기도와 공동 예배를 계속할 때 일어난다. 이것은 우리가 다음 해에 새로운 무언가를 하기에 앞서 당장 수행할 프로젝트로 전환하기에는 너무도 큰 여정이자 성령의 무너뜨리는 부르심의 너무도 중요한 일부다.

북미의 유럽 종족 교회에 미래가 있을 수 있다면, 그 미래는 이와 같은 여정에 달려 있을 것이다. 하나님께 참여하고, 교회를 재편하고, 마침내 세상을 재건하는 하나님의 일에 참여한다는 것은 우리의 보따리를 뒤에 두고 우리가 계속해서 통제하거나 상황을 관리하거나 우리가 원하는 결과들을 결정하는 데 도움을 주는 것들을 포기하는 것을 의미한다. 지역 사회 연구, 필요 충족, 사람들을 돕는 일, 전문가의 정보를 구하는 일은 모두 성령께서 우리에게 원하시는 경청의 길에 방해가 되는 우리의 '보따리'다.

어쩌면 우리에게 기술과 사람, 혹은 내부 정리가 필요하다고 생각할 수도 있겠다. 상황이 이 지경으로 와해되었다면, 분명 하나님은 우리를 원치 않으신다. 그러나 성령은 언제나 바로 이러한 상황에 처한 제자들에게 새로운 모험에 나서라고 부르셨다. 그것은 나라면 사용하지 않을 전략이다. 나라면 가장 뛰어나고 명석한 자들을 찾아내서 그들을 새로운 미래의 중심으로 삼을 것이다. 나라면 한 페이지를 넘겨서, 오래되고 쓸모없이 보이는 것들을 치워 버리고 완전히 다시 시작했을 것이다. 그러나 하나님의 성령이 세상을 변화시키는 방식은 그렇지 않다. 만약 그랬다면, 우리 중에 누가 남아날 수 있겠는가?

나는 하나님이 세상을 재건하시는 참신한 미래가 부상하는 것을 볼 수 있는 곳이 이 땅에서 교회 말고는 다른 어떤 곳도 없다고 본다. 그래서 우리는 이 여정을 작은 발걸음들로 시작한다. 우리는 사람들이 현재 있는 자리에서 시작하여, 성령이 계실 것으로 보이는 모험의 공간으로 그들을 부드럽게 이끌어 들이는 작은 실험들로 초대한다. 다른 길은 없다. 함께 그들은 하나님과 서로에게 경청하고, 어디에서 성령의 소리를 들을 수 있는지 분별하며, 이웃 가운데서 실험하며, 자신들이 보고 행한 것에 대해 성찰하는 단순한 활동들을 만들어 낸다. 그런 다음에 그 여정을 계속해서 하겠다는 결정을 내린다. 사람들이 이렇게 하기 시작할 때, 특별한 일이 벌어진다.

내가 서론에서 언급한 이사야의 초청이 그 어느 때보다 진실하게 들린다.

시온이여 깰지어다 깰지어다.
네 힘을 낼지어다.
거룩한 성 예루살렘이여
네 아름다운 옷을 입을지어다.

좋은 소식을 전하며
평화를 공포하며

복된 좋은 소식을 가져오며

구원을 공포하며

시온을 향하여 이르기를

"네 하나님이 통치하신다" 하는 자의

산을 넘는 발이 어찌 그리 아름다운가.

(사 52:1, 7)

이제는 이전과는 다른 여정을 시도할 때다. 와해된 것을 보수하려고 더 힘써 수고해 봐야 미래가 없다. 우리는 새 옷을 입으라고, 희망과 생명의 여정을 위해 단장하라고 초대받고 있다. 우리 주님이 우리보다 앞서 나아가 새 일을 하고 계신다. 그러니 실로 우리는 놀랄 뿐이다.

주

서론

1 이 공동체의 공식 명칭은 '미셔널 네트워크'(The Missional Network)다. 이 공동체에 대해 더 알려면 *www.themissionalnetwork.com*을 방문하라. 이 책 전반에 나오는 자료와 이야기 및 전략들 중에 많은 것은 전 세계 교회들 및 교단들과 협력했던 경험에서 나온 것이다.
2 Lesslie Newbigin, *Foolishness to the Greeks* (Grand Rapids, MI: Eerdmans, 1986), p. 1. 『헬라인에게는 미련한 것이요』(IVP).
3 David Eggers, *The Circle* (New York: Vintage Books, 2013).
4 Eula Biss, *On Immunity: An Introduction* (Minneapolis: Grey Wolf Press, 2014). 『면역에 관하여』(열린책들).
5 J. R. R. Tolkien, "On Faery Stories", in *The Monster and the Critics and Other Essays* (Boston: Houghton Mifflin, 1984), p. 156.
6 Adam B. Seligman, *Modernity's Wager: Authority, the Self and Transcendence* (Princeton, NJ: Princeton University Press, 2003), 및 Susan E. Schreiner, *Are You Alone Wise?: The Search for Certainty in the Early Modern Era* (Oxford: Oxford University Press, 2011)를 보라.

1장

1 Hugh McLeod, *The Religious Crisis of the 1960's* (Oxford: Oxford University Press, 2007), p. 31.
2 Donald A. Luidens, *Church, Identity and Change: Theology and Denominational Structures in Unsettled Times*, David A. Roozen and James R. Nieman, editors (Grand Rapids, MI: Eerdmans, 2005),

pp. 411-412를 보라.
3 Hugh McLeod, *The Religious Crisis of the 1960's* (Oxford: Oxford University Press, 2008), pp. 1-3.
4 Graham Ward, *The Politics of Discipleship* (Grand Rapids, MI: Baker Academic, 2009), pp. 154-155.

2장

1 John Ralston Saul, *The Comeback* (Toronto: Penguin, 2014), p. 4.
2 Charles Taylor, *A Secular Age* (Harvard: Harvard University Belknap Press, 2007), p. 29.
3 Kyle Haselden and Martin Marty, *What's Ahead for the Churches?* (New York: Sheed and Ward, 1964), p. 12.
4 Joseph C. McLelland, *Toward a Radical Church* (Toronto: Ryerson Press, 1967)를 보라.
5 E. Stanely Jones, *The Reconstruction of the Church—On What Pattern?* (Nashville: Abingdon, 1970); David Watson, *I Believe in the Church: The Revolutionary Potential of the Family of God* (London: Hodder and Stoughton, 1978); 및 Michael Harper, *Cinderella with Amnesia* (Downers Grove, IL: InterVarsity Press, 1975).
6 Bruce Larson and Ralph Osborne, *The Emerging Church* (Waco, TX: Word, 1970).
7 Bruce Larson, *The Relational Revolution* (Waco, TX: Word, 1976)을 보라.
8 또한 다음과 같은 사회 이론가들의 글 가운데 나타나는 내적 삶의 추구에 대한 대항적 비판을 살펴보라. Philip Rieff, *The Triumph of the Therapeutic: Uses of Faith after Freud* (Chicago: University of Chicago Press, 1966 and 1978); Christopher Lasch의 초기 책인 *The Culture of Narcissism* (New York: Norton, 1979); 그리고 훨씬 후에 나온, Robert Bellah, Richard Madsen, William M. Sullivan, Ann Swidler, and Steve M. Tipton, *Habits of the Heart: Individualism and Commit-*

ment in American Life (New York: Harper and Row, 1985).

9 William Stringfellow, *An Ethic for Christian and Other Aliens Living in a Strange Land* (Waco, TX: Word, 1976)를 보라.

10 Gibson Winter, *The Suburban Captivity of the Churches* (New York: Doubleday, 1961).

11 Donald McGavran, *Bridges of God: A Study in the Strategy of Missions* (Eugene, OR: Wipf and Stock, 1954 an 2005). 『하나님의 선교 전략』(한국장로교출판사).

12 Jackson Carroll and Karl Dudley, *Handbook for Congregational Studies* (Nashville: Abingdon, 1986)를 보라.

13 예를 들어, '필요 지향적인 전도'란 그 자체로 우리가 다른 사람들의 필요를 결정하고 그에 부응함으로써 결과에 대한 통제권을 교회에 속한 우리에게 두는 방법이다. 최선의 의도에도 불구하고, 이러한 입장은 다른 사람들을 대상물로 삼고 우리는 삶을 계속 통제하게 만든다.

14 예를 들어, Fritjof Capra의 글과 Marilyn Fergerson, *The Aquarian Conspiracy* (NY: Tarcher, 1981)에 나오는 글의 '대중화'를 보라.

15 Francis Fukuyama, *The End of History and the Last Man* (New York: The Free Press, 1992). 『역사의 종말』(한마음사).

16 Alan J. Roxburgh, *Missional: Joining God in the Neighborhood* (Grand Rapids, MI: Baker Books, 2011)를 보라.

17 Paul Sparks, Tim Søerens, and Dwight Friesen, *The New Parish: How Neighborhood Churches Are Transforming Mission, Discipleship and Community* (Downers Grove, IL: InterVarsity Press, 2014), 및 Christopher Smith and John Pattison, *Slow Church: Cultivating Community in the Patient Way of Jesus* (Downers Grove, IL: InterVarsity Press, 2014)를 보라. 『슬로 처치』(새물결플러스).

3장

1 J. H. Oldham, *Life Is Commitment* (New York: Associated Press, 1959), p. 85.

2   Brad S. Gregory, *The Unintended Consequenses of the Reformation* (Cambridge, MA: Belkap Harvard Press, 2012), p. 12.
3   Thomas Kuhn, *The Structure of Scientific Revolution* (Chicago: University of Chicago Press, 1962). 『과학혁명의 구조』(까치).
4   Parker Palmer, *To Know as We Are Known* (San Francisco: Harper, 1993), pp. 2-3. 『가르침과 배움의 영성』(IVP).
5   Seligman, *Modernity's Wager*, p. 21.
6   같은 책.
7   예를 들어, 1960년대에 일어났던 정체성에 대한 논쟁들, 특히 Hans Küng, *The Church* (New York: Doubleday Image, 1976)에 나오는 논쟁들을 보라. 『교회』(한들출판사).
8   Lesslie Newbigin, *Foolishness to the Greeks* (Grand Rapids, MI: Eerdmans, 1986), p. 1.
9   Daniel M. Bell Jr., *Liberation Theology after the End of History: The Refusal to Cease Suffering* (London: Routledge, 2001) 및 Graham Ward, *The Politics of Discipleship: Becoming Post-material Citizens* (Grand Rapids, MI: Baker Academic, 2009)를 보라.
10 Alan J. Roxburgh, *Missional Map Making* (San Francisco: Jossy Bass, 2011)를 보라.
11 Dwight Zscheile, *People of the Way: Renewing Episcopal Identity* (New York: Morehouse Publishing, 2012)를 보라. 특히 영국 성공회의 '기성'의 유산에 대한 그의 논의를 보라. 이 경험은 지난 20세기 초반에 다른 유럽 종족 교단들에게도 어느 정도 해당된다.

4장

1   *Engaging God's Mission in the 21st Century: Final Report of the Task Force for Reimagining The Episcopal Church* (December 2014), p. 1. 다음 웹사이트에서 구할 수 있다. *www.generalconvention.org/trecreport*.
2   하나님이 어떻게 세상 가운데서 행하시는가에 대한 종합적인 교회론이

나 신학을 구성하는 것은 이 책의 초점이 아니다. 이 주제—특히 '하나님의 드라마'(theodrama, 교회는 하나님이 일차 행위자이신 거대한 드라마 가운데 놓여 있다) 개념—에 대해서 더 보려면, Hans Urs von Balthasar, *Theo-Drama: Theological Dramatic Theory*, vols. I-V, trans. Graham Harrison (San Francisco: Ignatius Press, 1988-1998) 및 Nicholas M. Healy, *Church, World and the Christian Life: Practical-Prophetic Ecclesiology* (Cambridge, UK: Cambridge University Press, 2000)를 보라.

3 이 말은 발생한 모든 일이 성령께서 일으키신다는 의미가 아니다. 오히려 많은 무너짐과 변화의 한복판에서 성령의 부르심이 있었으나, 이 부르심은 대부분 무시되었다.

4 다음 책에 있는 서문을 보라. Darrell Guder, *Missional Church: A Vision for the Sending of the Church in North America* (Grand Rapids, MI: Eerdmans, 1998). 『선교적 교회』(주안대학원대학교 출판부). 선교적 대화와 하나님의 행위성(God's agency)에 대한 더 자세한 논의를 위해서는 Craig Van Gelder and Dwight J. Zscheile, *The Missional Church in Perspective* (Grand Rapids, MI: Baker, 2011)를 보라. 『선교적 교회론의 동향과 발전』(CLC).

5 Guder, *Missional Church*, p. 4.

6 Van Gelder and Zscheile, *The Missional Church in Perspective*, pp. 106-111.

7 같은 책, p. 4.

8 Willie James Jennings, *The Christian Imagination: Theology and the Origins of Race* (New Haven, CT: Yale University Press, 2010)를 보라.

9 Van Gelder and Zscheile, *The Missional Church in Perspective*, p. 27.

10 Guder, *Missional Church*.

11 *Engaging God's Mission in the 21st Century: Final Report of the Task Force for Reimagining The Epicospal Church*, pp. 2-3. *www.generalconvention.org/trecreprot*에서 이용 가능하다.

5장

1 Sparks 외, *The New Parish*를 보라.

6장

1 Clements Sedmak, *Doing Local Theology: A Guide for Artisans of a New Humanity* (Maryknoll, NY: Orbis, 2002), pp. 1-5를 보라.
2 '간증'(testimony, 증언)이라는 말이 어떤 전통들에는 잘 부합하지 않을 수 있다. 간증이라는 단어 자체보다는 간증을 채택한 이유가 더 중요하다. 그들은 서로의 이야기들을 들으면서 위로하며 하나님의 말씀을 경청하는 능력들이 늘어나는 공간을 창조하기를 원했다.
3 George Monbiot, "The Age of Loneliness Is Killing Us", in *The Guardian* (October 14, 2014); 및 Mac J. Dunkelman, *The Vanishing Neighbor* (New York: W. W. Norton, 2014)를 보라.
4 평가 설문을 소개하는 자료는 많다. Mark Lau Branson, *Memories, Hopes and Conversations: Appreciative Inquiry and Congregational Change* (Durham, NC: Alban Institute, 2009)를 보라.
5 Branson, *Memories, Hopes and Conversations*를 보라.
6 이같은 성경 연구들은 풍성하다. 그러나 말씀 가운데 거하기(Dwelling in the Word)라는 특정한 실천은 2008년 교회갱신연구소(Church Innovations Institute)에서 처음 쓴 말이다. 더 알아보려면 *www.churchinnovations.org*을 보라.
7 '평신도'와 '성직자'라는 단어는 여러 가정들로 꽉 차 있으므로, 나는 '하나님의 보통 사람들'(God's ordinary people)이라는 어구를 사용함으로써 우리 가운데서 이루어지는 하나님의 일을 분별하는 자리가 보통 사람들의 일상 생활이라는 의미를 잡아내려고 한다.
8 이 '거하기 과정'을 진행하는 방법에 대한 간단한 요약을 보려면, 132쪽에 나오는 '실천 지침 1'을 보라.
9 Dunkelman, *The Vanishing Neighbor*, xvii.
10 Bellah 외, *Habits of the Heart*.
11 Dunkelman, *The Vanishing Neighbor*, p. 130.

8장

1 Samuel Wells and Marcia A. Owens, *Living Without Enemies: Being Prescent in the Midst of Violence* (Downers Grove, IL.: InterVarsity Press, 2011), p. 38를 보라.

2 Ray Oldenburg, *The Great Good Place: Café, Coffee Shops, Bookstores, Bars, Hair Salons, and Other Hangouts at the Heart of Community* (Cambridge: MA: Da Capo Press, 1999), pp. 14-19.

9장

1 Donald Miller, *A Million Miles in a Thousand Years* (Nashiville: Thomas Nelson Publishing, 2009), p. 96. 『천년 동안 백만 마일』(IVP).

2 Jeff Madrick, *Seven Bad Ideas: How Mainstream Economists Have Damaged America and the World* (New York: Alfred A. Knopf, 2014).

3 같은 책, p. 5.

옮긴이 김재영은 총신대학교 신학과를 졸업하고 미국 커버넌트 신학교, 컬럼비아 신학교, 에모리 대학교 등에서 공부했다. 현재 L.A.에 있는 국제신학교의 조직신학, 실천신학 교수다. 저서로는 『하나님 나라의 자유를 찾다』(국제제자훈련원)가 있고, 역서로는 『신론』『그리스도의 위격』『이 텍스트에 의미가 있는가』『하나님의 계시』『현대를 위한 구약윤리』『제일신학』『IVP 성경난제주석』(이상 IVP), 『성령과 은사』『철학자들의 신과 성서의 하나님』(이상 새물결플러스), 『하나님을 맛보는 묵상』(좋은씨앗) 등 50여 권이 있다.

교회 너머의 교회

초판 발행_ 2018년 7월 4일
초판 3쇄_ 2022년 8월 5일

지은이_ 알렌 락스버러
옮긴이_ 김재영
펴낸이_ 정모세

펴낸곳_ 한국기독학생회출판부
등록번호_ 제2001-000198호(1978.6.1)
주소_ 04031 서울시 마포구 동교로 156-10
대표 전화_ (02)337-2257 팩스_ (02)337-2258
영업 전화_ (02)338-2282 팩스_ 080-915-1515
홈페이지_ http://www.ivp.co.kr 이메일_ ivp@ivp.co.kr
ISBN 978-89-328-1618-0

ⓒ 한국기독학생회출판부 2018

책값은 뒤표지에 있습니다.
무단 전재와 복제를 금합니다.